MARCO POLO

Finnland

Reisen mit
Insider Tipps

Diesen Führer schrieb Roland Birkhold,
dem Finnland zur »zweiten Heimat« geworden ist. Heiner Labonde und Jessika
Kuehn-Velten, ausgewiesene Finnlandken-
ner, haben die Bearbeitung übernommen.

www.marcopolo.de
Infos zu den beliebtesten Reisezielen
im Internet, siehe auch Seite 98

MAIRS GEOGRAPHISCHER VERLAG

SYMBOLE

MARCO POLO INSIDER-TIPPS:
Von unseren Autoren für Sie entdeckt

★ **MARCO POLO HIGHLIGHTS:**
Alles, was Sie in Finnland kennen sollten

HIER HABEN SIE EINE SCHÖNE AUSSICHT

WO SIE JUNGE LEUTE TREFFEN

PREISKATEGORIEN

Hotels	
€€€	über 120 Euro
€€	70–120 Euro
€	unter 70 Euro

Die Preise gelten für zwei Personen im Doppelzimmer pro Nacht mit Frühstück.

Restaurants	
€€€	über 30 Euro
€€	20–30 Euro
€	unter 20 Euro

Die Preise gelten für ein dreigängiges Menü ohne Getränke für eine Person.

KARTEN

[110 A1] Seitenzahlen und Koordinaten für den Reiseatlas Finnland

[U A1] Koordinaten für die Karte Helsinki im hinteren Umschlag

[0] außerhalb des Kartenausschnitts

Zu Ihrer Orientierung sind auch die Orte mit Koordinaten versehen, die nicht im Reiseatlas eingetragen sind.

GUT ZU WISSEN

INHALT

Die wichtigsten
MARCO POLO Highlights

Sehenswürdigkeiten, Orte und Erlebnisse, die Sie nicht verpassen sollten

 LumiLinna Snow Castle
Eine Zauberwelt aus Eis und Schnee in Kemi, wenn auch immer nur für einen Winter (Seite 24)

 Mittsommerfest
Ganz Finnland feiert, tanzt und singt im Freien. Dabeisein ist alles (Seite 25)

 Felsenkirche (Temppeliaukion kirkko)
Mitten in Helsinki: Von oben in einen großen Fels gesprengt, gilt sie vielen als die schönste Kirche Finnlands (Seite 28)

 Senatsplatz (Senaatintori) mit Dom (Tuomiokirkko)
Das klassizistische Ensemble in Helsinkis Innenstadt ist vollkommen (Seite 29)

 Suomenlinna
Die Inseln vor Helsinki sind Kulturschatz und Naherholungsgebiet (Seite 30)

 Rauma
Unesco-Weltkulturerbe: Rauma besitzt das größte zusammenhängende Holzhausviertel Skandinaviens mit 200 bis 300 Jahre alten Häusern (Seite 45)

 Naantali
Märchenhaftes Küstenstädtchen mit Häusern, die wie Laubsägearbeiten erscheinen (Seite 49)

Dom auf Helsinkis Senatsplatz

Naturerlebnis am Pielinen-See

 Uusi-Valamo
Pracht, Einkehr und Geschäf-
tigkeit: die Neugründung des
orthodoxen Klosters in
Heinävesi, einst im heute
russischen Ladogasee
(Seite 57)

 Punkaharju
Die Ausblicke vom eiszeitlichen
Landrücken haben schon die
Zaren begeistert. Spektakulär:
das unterirdische Kunstzent-
rum Retretti (Seite 64)

 **Silberlinie (Hopealinja) und
Dichterweg (Runoilijan tie)**
Linienschifffahrt durch
eine grandiose Landschaft
(Seite 67)

 Ilomantsi
Heimat lebendiger karelischer
Bräuche in urwüchsiger Landschaft mit einer der größten
orthodoxen Kirchen (Seite 71)

 Koli
Finnlands »Nationalaussicht«
auf Pielinen-See und Berge –
eine überwältigende Natur-
schönheit (Seite 73)

Im Arktikum in Rovaniemi

 **»Bärenrunde«
(Karhunkierros)**
Ziel vieler Outdoorfreaks: der
Wanderweg (80 km) nördlich
von Kuusamo (Seite 75)

 **Ounas-Pallastunturi-
Nationalpark**
Gut erschlossen, ist der Natio-
nalpark ein Paradies für Wan-
derer, Skifahrer und Angler
(Seite 79)

 Arktikum
Preisgekröntes Museum in
Rovaniemi, das spannend über
Lappland und den Polarkreis
informiert (Seite 80)

 Die Highlights sind in der Karte auf dem hinteren Umschlag eingetragen

Entdecken Sie Finnland!

Kontaktfreudige Menschen, reiche Kultur und unverfälschte Natur erwarten Sie hoch im Norden Europas

Vorsicht – es könnte sein, dass Sie nach Finnland fahren und von der herrlichen Gegend nicht mehr loskommen. Was ist es, das dieses Land so einzigartig macht? Finnland – das ist eine unvergleichliche Schärenküste, ein unendlicher grünblauer Flickenteppich aus Wald und Wasser, das ist weites Moor und offene Tundra, das sind helle Sommernächte und winterliche Schneeflächen. Aber darauf reduziert sich das Erlebnis Finnland keinesfalls. Es ist die spezielle Lebensart an der Grenze zwischen Ost und West, zwischen Moderne und Tradition, die sich im politischen und gesellschaftlichen Leben der knapp 5,2 Mio. Einwohner in ihrem 338 145 km^2 großen Land widerspiegelt. Besucher entdecken dieses Besondere in kultureller Vielfalt und lebendiger Kunstszene, auf bunten Festivals und beim Genuss finnischer Spezialitäten.

Die kulturelle Seite Finnlands mag deshalb so spannend und lebendig sein, weil sich hier finnische, samische, schwedische und russische Wurzeln und Einflüsse im

In den Holzkirchen (hier Saarijärvi) verbinden sich internationale Einflüsse und volkstümliche Bauweise

Lappland: ein Same mit seinem Kind in traditioneller Tracht

Laufe der Jahrhunderte vermischt haben. Weil Finnland als souveräner Staat noch keine hundert Jahre alt ist, befindet sich die Identitätsbildung auch in Kunst, Musik, Theater und Design noch in der Phase von Bewegung und Begeisterung. In welchem anderen europäischen Land kommt ein Museum auf nur etwa 6000 Einwohner? Jedes Dorf, jede kleine Siedlung hat ihre Sehenswürdigkeit, ihr Museum. Kenner schätzen die neue finnische Musik, innovatives Theater und experimentellen Tanz. Inzwischen sind eigenwillige Pop- und Rockmusikklänge aus Finnland sogar in den internationalen Charts, unverbrauchter als aus der angloamerikanischen Musikmaschinerie, frischer als das Gros der deutschen

Geschichtstabelle

Um 0–700 Finnen wandern aus dem Gebiet zwischen Ural und Kaspischem Meer ein und verdrängen die *sámi* (»Lappen«) nach Norden

1155 Erster schwedischer Kreuzzug nach Finnland, Beginn der Christianisierung

1284 Finnland wird offiziell schwedische Provinz

1527 Beginn der Reformation

1548 Begründung der finnischen Schriftsprache

1550 Helsinki wird gegründet

1700–1721 Im Nordischen Krieg verliert Schweden die Vormachtstellung, Karelien fällt an Russland

1809 Schweden verliert Finnland, das zu einem autonomen russischen Großfürstentum wird

1812 Helsinki wird Hauptstadt

1835 Elias Lönnrot veröffentlicht das Nationalepos »Kalevala«

1863 Finnisch wird neben Schwedisch Amtssprache

1899 Russifizierung: Der Zar hebt die finnische Verfassung auf

6. Dez. 1917 Das finnische Parlament erklärt die staatliche Unabhängigkeit Finnlands

1918 Bürgerkrieg: General Mannerheim siegt mit einer Freiwilligenarmee – unterstützt durch deutsche Truppen – gegen finnische und russische Kommunisten

1919 Verkündung der republikanischen Verfassung

1920 Russland erkennt Finnlands Selbstständigkeit an. Finnland tritt in den Völkerbund ein

1921 Der Völkerbund spricht die Ålandinseln mit autonomem Status Finnland zu

1939–1940 »Winterkrieg« durch Angriff der UdSSR

1941–1944 »Fortsetzungskrieg« gegen die UdSSR

1948 Freundschafts- und Beistandspakt mit der UdSSR

1955 Finnland wird Uno-Mitglied

1973–1975 KSZE-Konferenz in Helsinki

1995 Finnland wird Mitglied der Europäischen Union

1999 Tarja Halonen wird als erste Frau finnischer Staatspräsident

2002 Finnland führt den Euro ein

2003 Matti Vanhanen (Zentrum) wird Premierminister in einer Drei-Parteien-Koalition

Produktionen. Und die Feste und Festivals! Die Finnen verstehen es, jeden Anlass, jedes Thema in ein Fest zu kleiden: Opernfestspiele, die Wahl des Tangokönigs, Angelwettbewerb oder Erdbeerkarneval – unerschöpflich scheint die finnische Fantasie. Und noch ein Besonderes hat *Suomi*, wie Finnland in der eigenen Sprache heißt: ein reflektiertes und zugleich stolzes Bewusstsein seiner Tradition, seiner oft auch schmerzvollen Geschichte. So ist es für moderne Künstler eine Ehre, an altes Brauchtum anzuknüpfen. Folkmusik, Handwerk und Volksgut werden hoch und lebendig gehalten.

Finnland gehört zu den nordischen Ländern – 1150 km weit dehnt es sich aus zwischen 59 Grad 30' und 70 Grad 5' nördlicher Breite über den Polarkreis hinweg. Und doch ist noch eindrucksvoller als die Nord-Süd-Ausdehnung die Verbindung zwischen Ost und West,

> *Suomi hat ein stolzes Bewusstsein seiner Tradition*

die *Suomi* von jeher über 540 km schafft, geografisch wie politisch und kulturell betrachtet. Westliche und östlich-kontinentale Klimazone (mit warmen Sommern und kalten Wintern) begegnen sich hier ebenso wie lutherische und orthodoxe Kirche. Schweden und Russen haben sich in den Zeiten vor der Unabhängigkeit in der Herrschaft über Finnland abgewechselt, beide gleich schlecht gelitten beim freiheitsliebenden Volk. Beide haben sprachliche und architektonische Spuren hinterlassen. Finnland kennt den Weg vom Kampf um die Unabhängigkeit über den Freundschaftspakt mit Russland bis zur wirklich in der Bevölkerung verankerten Identität als EU-Mitglied. Aus diesem Wissen heraus ist Finnland politisch heute ein wichtiger Bote für Frieden und Völkerverständigung, ein geschätzter Vermittler beispielsweise in den Konflikten der letzten Jahre im Südosten Europas.

Bootstour auf einem der fast 190 000 Seen

Schärengarten nennt man die vielen kleinen Felseninseln (hier bei Vänö)

Auch in anderen Bereichen hat Finnland inzwischen Vorbildstatus erreicht: Wirtschaft, Technologie, Bildung und Wissenschaft sind die Stichworte der Erfolgsstory. Die Pisa-Studie hat finnischen Schülerinnen und Schülern Bestnoten zuerkannt, vor allem im Bereich Sprache. Kein Wunder: Das Finnische entstammt dem finnougrischen Sprachraum und hat nicht nur wenig Sprachverwandte, sondern ist auch schwierig zu lernen. Und so beginnen kleine Finninnen und Finnen schon früh, sich in anderen Sprachen auszudrücken. Vorteil für Sie. Sie müssen sich auf Ihrer Finnlandreise nicht lange quälen mit den doppelten *ää* und *öö*. Man wird Ihnen oft in bestem Englisch (und Deutsch) begegnen. Doch freuen sich die Finnen natürlich über einen echt finnischen Gruß.

> **Finnland hat Vorbildstatus erreicht**

Wirtschaftlich hält *Suomi* sich momentan gut in insgesamt kritischer Zeit. Noch vor zwei Jahrzehnten sprach der internationale Markt höchstens über die traditionelle Holz- und Papierindustrie. Der Export war zum beträchtlichen Teil auf den großen Nachbarn Sowjetunion ausgerichtet. Der Zusammenbruch des Riesen traf Finnland empfindlich. Wirtschaft und Arbeitsmarkt lagen am Boden. Doch haben sich die Finnen erstaunlich schnell erholt, den veränderten Bedingungen angepasst und ihre Ressourcen zu nutzen gewusst. In technisches Know-how, Forschung und Entwicklung wird kräftig investiert. In vielen Zukunftsfeldern, etwa der Biotechnologie, spielen die Finnen in der ersten Liga. Gerade in der Kommunikationstechnologie hat *Suomi* die Nase vorn – und das nicht nur wegen Nokia. So gehört Finnland heute zu den wirtschaftlich innovativsten und wettbewerbsfähigsten Nationen der Welt.

Den Erfolg verdanken die Finnen wohl ihrem *sisu*, einer typischen Eigenschaft, die für Lebenskraft, Mut, Zuversicht und Beharrlichkeit steht. Wie sind sie sonst, die Finnen? Sie gelten als schweigsam und zurückhaltend, als Menschen, die sich nicht aufdrängen und die diese Eigenschaften mit Freundlichkeit, Hilfsbereitschaft und Toleranz verbinden. Es dauert, bis sie mit Fremden warm werden, dann aber sind es aufrichtige Freundschaften. Dabei gibt es natürlich von Region zu Region Unterschiede. Die Südländer unter den Finnen finden Sie in Helsinki – ein Grund mehr, der so lebendigen und doch gar nicht hektischen Hauptstadt mindestens einen Tag oder zwei zu widmen. Denn Helsinki ist anders als das übrige Finnland und sicher eine der schönsten Hauptstädte Europas.

Zum Schluss doch noch einmal zurück zur viel gepriesenen Natur. Es sind nun einmal Ruhe und Stille, die unberührte Landschaft, die viele Finnlandreisende suchen und lie-

» *Paradies für Outdoorfreaks* «

ben. Ein Urlaub im Sommerhaus am See, an dem es immer etwas zu basteln gibt, wenn man nicht gerade am Steg sitzt und einfach nur hinausschaut aufs Wasser – das ist finnische Sommeridylle pur. Finnland ist ein Paradies für Outdoorfreaks. Sanfte Hügel, schroffe oder rund gewaschene Felsen sind ein ideales Wander- und Kletterrevier, unzählige Routen führen Hiker und Biker durch Wald und Bruch. 187 888 Seen genau hält das »Land der 1000 Seen«, wie es in klarem Understatement heißt, bereit, ein Paradies für Wassersportler, Kanuten und Segler. Ebenso wie natürlich die Schärenküste, die hingestreuten Felseninseln im Meer. Und wenn die Tage kürzer werden, schnallen die Langläufer ihre Ski unter, die Finnen fiebern beim Eishockey mit. Rentier- oder Motorschlittensafaris stehen auf dem Programm. Und die Chancen, den Weihnachtsmann zu treffen, stehen auch gut: Schließlich wohnt der gute Mann in Rovaniemi, ganz oben in Finnland. Was immer also Sie reizt – Handwerk oder Hightech, Stille oder Festivals – es gibt viel zu entdecken. Und Finnland heißt Sie willkommen: *Tervetuloa Suomeen!*

Die MARCO POLO Bitte

Marco Polo war der erste Weltreisende. Er reiste in friedlicher Absicht, verband Ost und West. Er wollte die Welt entdecken, fremde Kulturen kennen lernen, nicht zerstören. Könnte er heute für uns Reisende nicht Vorbild sein? Aufgeschlossen und friedlich sollte unsere Haltung auf Reisen sein. Dazu gehören auch Respekt vor Mensch und Tier und die Bewahrung der Umwelt.

Mehr als Elch und Nokia

Suomi überrascht mit dem spannenden Nebeneinander von Natur und Kunst, Fortschritt und Tradition

Design

Schlichte Eleganz, die praktikabel ist oder: Warum soll ein nützlicher Gegenstand nicht auch schön sein? Es gilt, gerade die Dinge des täglichen Bedarfs zu adeln. Finnisches Design kommt mit hohem Anspruch, aber mit erstaunlicher Leichtigkeit daher, ehrlich und ungekünstelt. Die klare, organische Formgebung beansprucht zeitlose Gültigkeit, ohne dabei die funktionelle Bestimmung zu verlieren. Finnische Designer wie Kaj Franck oder Kirsti Doukas nehmen sich die Freiheit, Natur- und Kunstmaterialien in Harmonie, gleichwohl mit Spannung zu kombinieren. Dabei darf es auch bunt zugehen. Die Resultate können Finnlandbesucher nach Hause tragen: Glas, Geschirr, Textilien, Holzkunst, Schmuck und vieles mehr sind wunderbare Souvenirs, die weit über die Grenzen Finnlands bekannt sind. Etwa die Aalto-Vase von 1936 – ein zeitloser Klassiker. Oder die weiße Geschirrserie »Suomi« von Timo Sarpaneva bei Rosenthal. Und auch Lapponia-Schmuck ist ein Begriff.

Diesen Traum versucht sich jeder Finne zu verwirklichen: ein eigenes mökki, ein Sommerhaus

Elch

Finnlandurlauber bemerken ihn schon auf der Fähre – als Aufkleber auf zahlreichen Autohinterteilen. Das imposante Tier mit einer Schulterhöhe von knapp 2 m hat offensichtlich einen festen Platz im Herzen der Nordlandbesucher und lebt in Plüsch auf so manchem heimischen Regal. Auf Finnlands Straßen sind überall die rotgelben Warnschilder »Vorsicht Elch!« zu sehen. Man sollte sie als Autofahrer ernst nehmen. Besonders in der Früh und während der Dämmerung zeigen sich die mächtigen, bis zu 600 kg schweren Tiere, wenn sie ihren Standort wechseln. Das ist schon ein beeindruckendes Erlebnis und lässt Besucher regelrecht verstummen. In den Weiten des Landes vermehren sich die Elche ganz prächtig, sodass zur Erhaltung des ökologischen Gleichgewichts jedes Jahr eine beträchtliche, aber genau festgelegte Anzahl zum Abschuss frei gegeben wird. Gut 50 000 Exemplaren geht es dann ans Leder.

Frauen

Frauen haben im öffentlichen Leben Finnlands oftmals die Hosen an. Sie sind im europäischen Vergleich sehr gut ausgebildet und wie

Die Finlandia-Halle in Helsinki gehört zu den bekanntesten Werken des Stararchitekten Alvar Aalto

ihre skandinavischen Schwestern selbstbewusst und durchsetzungsfähig. Es gibt kein Amt, das ihnen nicht grundsätzlich offen stünde. Vielleicht liegt es ja an der langen Tradition politischer Teilhabe. 1906 erhielten sie als erste Frauen in Europa das aktive und passive Wahlrecht. Der Frauenanteil im Parlament und in den Parteien liegt weit höher als etwa in Deutschland. Die Staatspräsidentin ist eine Frau. Die Oberbürgermeisterin der Hauptstadt ist eine Frau. Frauen bekleideten den Posten der Premierministerin und der Ministerin für Verteidigung. Männerdomänen ade, auch ohne Quote. Diskriminierung im gesellschaftlichen Alltag ist absolut verpönt. Nur Toppositionen in der Wirtschaft sind noch rar. Vor allem aber im privaten Bereich tun sich die Ehemänner und Väter schwer mit ihrer eigenen Emanzipation.

High-Tech-Kommunikation

Brecht sagte einst, Finnland sei das Land, in dem in zwei Sprachen geschwiegen würde, auf Schwedisch und Finnisch. Wenn zu Brechts Exilzeit (1940/41) dort nach »den Nokias« gesucht wurde, dann wollte der Besitzer seine Gummistiefel anziehen. Vom Galoschenhersteller zum Weltmarktführer in Sachen mobiler Kommunikation, das ist wahrlich eine finnische Erfolgsstory, untrennbar verbunden mit dem jetzigen Konzernchef Jorma Ollilla, der konsequent die internationale Ausrichtung vorangetrieben hat. Fast jeder dritte Telefonmobilist weltweit presst ein Nokia ans Ohr. Um die Marktposition zu halten, ist laufend in hohem Maße in Forschung und Entwicklung zu investieren, mit Innovationen aufzuwarten. Das sorgt für positive Rückkoppelungen auch in anderen Bereichen, in Zukunftsindustrien wie Biotechnologie und Medizinforschung.

Was Zahl und Nutzung von kommerziellen wie privaten Internetanschlüssen betrifft, liegt Finnland international mit ganz vorne. Auch hier also Kommunikation statt Schweigen im Walde. Und dann gibt es da ja noch etwas, einem finnischen Geist Entsprungenes, das Bill Gates neben dem sauren Apple wohl am meisten aufstößt: Linux, das kostenlos im Netz erhältliche allseits gelobte und flexible Computerbetriebssystem.

HIM & Co

Die legendären Leningrad Cowboys schlugen einst die Bresche. Jetzt tummeln sich immer mehr und immer häufiger finnische Bands auf deutschen Bühnen und in teutonischen Pop- und Rockcharts. Ob die morbid-schmachtenden HIM, Bomfunk MC fürs Freestyler-Herz, frische Rockrhythmen von Rasmus, Nightwish (mit Opernsängerin) für die melodische Metallfraktion, sie behaupten sich gegen die Übermacht angloamerikanischen Mainstreams. Auffallend: Die Künstler haben oft eine hervorragende musikalische Ausbildung. Musik aus *Suomi* ist angesagt. Sogar die finnisch singende Humppa-Punkgruppe Eläkeläiset hat hier eine erstaunlich große Anhängerschaft. Und da liegen noch viel mehr gute Acts in Lauerstellung am Ostseestrand.

Kalevala

»Kalevala« heißt das Nationalepos der Finnen. Elias Lönnrot (1802 bis 1884) sammelte auf vielen Fußmärschen durch die unzugänglichen Gegenden Kareliens bei den alten Runosängern Tausende von Verszeilen. Über Generationen haben die Sänger alte Begebenheiten und Volkssagen weitergegeben. Alles war aber nur mündlich überliefert, bis Lönnrot es aufschrieb und daraus ein einheitliches Werk formte – eine ganz besondere Art von Kulturgeschichte. Das »Kalevala« ist bis heute lebendig. Es stellt die Wurzel des finnischen Geschichtsbewusstseins dar und ist das erste Stück Literatur in finnischer Sprache.

Pisa

Das Kürzel steht nicht nur für eine Bildungsschieflage in Deutschland, sondern auch für beispielhafte Lehr-

Wo Bauen zur Kunst wird

Von Architektur und Architekten

Die Natur ist der Lehrmeister. Klima und Vegetation, die Formsprache der Umwelt und natürliche Materialien bestimmen das Aussehen der bebauten Landschaft. Harmonie ist dabei immer ein Stichwort, ob Wohn- oder Arbeitsumfeld, ob eher der Ästhetik oder der Funktionalität verpflichtet. Das gilt für Architekten der finnischen Nationalromantik wie Eliel Saarinen (1873–1950) ebenso wie für Alvar Aalto (1898–1976), den Meister der geschwungenen Linie und des organischen Baustils, und ihre Nachfolger. Viele Architekten Finnlands betrachten das Bauen als ganzheitliche Herausforderung. So befassen sie sich auch mit dem Entwurf von Möbeln, von Gebrauchsgegenständen, bis hin zu Vasen und Türklinken für ihre Häuser.

und Lernleistungen in Finnland. Besonders mit seinen Lese- und Sprachfähigkeiten weiß der Nachwuchs zu glänzen. Bildung und Erziehung werden in Finnland als komplexe Aufgabe verstanden. Das beginnt mit der familienfreundlichen Bereitstellung von Krippen- und Hortplätzen, umfasst vorschulische Förderung und zieht sich durch die gesamte Schullaufbahn. Der Schultag dauert länger, es gibt Mittagessen, man kann Schularbeiten erledigen und AGs besuchen. Neben Lern- und Wissensfächern haben sportliche Aktivitäten ebenso wie musischer und künstlerischer Ausdruck einen hohen Stellenwert. Besondere Förderung erhalten sowohl Hochbegabte wie auch Kinder mit Lern- oder sozialen Defiziten. Dabei ist Integration, nicht Separation das Leitmotiv sowie die Förderung von Eigenmotivation und Selbstverantwortung.

Politik

In der *eduskunta*, dem Reichstag der Republik Finnland, sitzen 200 Abgeordnete. Die Parlamentarier wurden 2003 für eine Legislaturperiode von vier Jahren neu gewählt. Wahlsieger wurde die Zentrumspartei (55 Sitze), die die Sozialdemokraten (53 Sitze) überflügelte. Eine große Koalition aus Zentrum, Sozialdemokraten und Schwedischer Volkspartei (9 Sitze) stellt nun die Regierung. Sie löste die so genannte Regenbogenkoalition aus zuletzt fünf Parteien ab, die seit 1995 die Regierung gestellt hatte. Ministerpräsident ist der Zentrumspolitiker Matti Vanhanen. Stärkste Oppositionskraft ist die konservative Sammlungspartei (40 Sitze). Erste Frau im Staat ist seit 1999 Staatspräsidentin Tarja Halonen (Sozialdemokratin). Anders als in Deutschland wird das Staatsoberhaupt in direkter Wahl vom Volk bestimmt.

Stolz tragen die Samen ihre bunte Nationaltracht mit Stiefeln, Schultertuch bzw. Rentierpelz und Zipfelmütze

Sámi

Woher genau und wann sie ursprünglich aus den Weiten Russlands kamen, ist unklar. Aber die *sámi* (»Lappen«) gelten als Urbevölkerung auf finnischem Territorium. Ihr Lebensraum lag zunächst auch im Süden des Landes, doch im Laufe der Jahrhunderte – Finnland erlebte mehrere Einwanderungswellen – wurden sie in ihrem Lebensraum immer mehr in den Norden abgedrängt. Heute bezeichnen sich rund 6000 Menschen als *sámi* und leben sesshaft oder als Halbnomaden in Lappland.

Wie in den skandinavischen Nachbarländern Schweden und Norwegen und auf der russischen Kola-Halbinsel galten die *sámi* lange als Menschen zweiter Klasse, ihre Sprache und Kultur wurden aktiv unterdrückt oder gering geschätzt. Doch die Zeiten ändern sich. *Sámi* streiten wie andere indigene Völker für ihre politischen und wirtschaftlichen Rechte. Ihre Kultur wollen sie nicht nur museal bewahren, sondern neu beleben. Dafür stehen Namen wie der vor wenigen Jahren verstorbene Komponist, Sänger und Dichter Nils Aslak Valkeapää. Auch ihre bunte Nationaltracht tragen die jungen *sámi* wieder mit Stolz.

Sauna

Ist ein Leben ohne Sauna für die Finnen denkbar? Man mag es bezweifeln bei weit über einer Million dieser heißen Kisten in *Suomi*. Früher war die Sauna der hygienischste Platz, Ort für Geburten und Aufbahrungsstätte für die Toten. Wahrlich also ein zentraler Ort im Lebenslauf. Heute scheint selbst in der kleinsten städtischen Singlewohnung noch Platz dafür zu sein. Und dann erst eine Saunahütte am See... Was kann es Schöneres geben, als bei 80–90 Grad zu schwitzen, zur Reinigung von Körper, Geist und Seele, zur Stärkung der Abwehrkräfte, schlicht zur Steigerung des Wohlbefindens. Und Regeln? Da gibt es nur eine: Mach nur das, wobei du dich wohl fühlst! Wenn es dir zu heiß wird, setz dich eine Bank tiefer. Wenn du nicht mehr magst, geh' raus. Wenn du genug hast, bist du halt fertig. Übrigens: Außer im engen Familien- und Freundeskreis wird meist getrennt nach Geschlecht sauniert. Wenn Sie in Finnland privat in die Sauna eingeladen werden, seien Sie stolz – es ist ein Zeichen besonderer Gastfreundschaft.

Sommerhaus

Mökki ist ein Zauberwort, das Bilder von Erholung, Natur und Ferien im Kopf aufkommen lässt. Es entsteht eine bunte Welt, in der garantiert ein Holzhäuschen, ein See, Sommer und Sonne eine zentrale Rolle spielen (...nebst Bootssteg, Angel, Grill und Sauna). Wenn der Sommer naht, wollen alle in die Natur, aufs Land. Und fast jeder hat Zugriff auf ein Sommerhäuschen, sei es auf das eigene oder einen alten Familienbesitz – oder man mietet eine Hütte. *Mökki*, das ist der finnischen Familie liebster Ort, um einen unbeschwerten Sommer zu genießen. Was ist schöner als grillen überm Feuer, im Wald etwas Holz schlagen, angeln, Boot fahren auf dem See, abends auf der Veranda mit Freunden *olut* (Bier) trinken. Probieren Sie es auch einmal: Nach ein paar Tagen im Sommerhäuschen fällt aller Stress von Ihnen ab. Sie werden sich prächtig erholen.

Natur tischt auf

Pure Naturgenüsse gibt es in Finnland zuhauf. Warum soll man mühevoll züchten, wenn alles wild gedeiht?

Die ursprüngliche finnische Küche besticht durch einfache, aber doch raffinierte Gerichte. Sie variiert je nach Jahreszeit und Region, denn frisch sollen die Zutaten sein, aus den heimischen Wäldern, Feldern und Seen stammen. So kommen Karotten, Kartoffeln, Rote Bete auf den Tisch, viel frischer Fisch, Fleisch von Rentier und Elch bis Geflügel, Pilze und herrlich aromatische Beeren. Nicht zu vergessen gute Milchprodukte, Quark, Joghurt und Käse. Und eine große Auswahl an hellem und dunklem Brot sowie an Backwaren. Während im Westen Finnlands auf dem Speisezettel traditionell Gekochtes und Gedünstetes stehen, wird im Osten eher gebraten und gebacken. Überall aber lieben die Finnen Vermischtes: Eintöpfe, Pasteten, Suppen und Aufläufe werden zu Hause auch an Festtagen gegessen. In Restaurants gehen klassisch-einheimische Rezepte mit internationalen Einflüssen eine gelungene Verbindung ein. Aber auch Fastfood hat das Land inzwischen erobert. So nett ein Restaurantbesuch auch ist – wenn Sie Gelegenheit dazu haben, kochen Sie selbst. Kaufen Sie frische Zutaten auf dem Wochenmarkt, im Dorfladen *(kyläkauppa)* oder Supermarkt. Zu entdecken gibt es manches!

Fisch

Ein Land am Meer, ein unendlicher Seenreichtum – beste Voraussetzungen für fangfrische Delikatessen von der Angel und aus dem Netz. Lachs und Lachsforelle sind besonders begehrt, frisch zubereitet, gegrillt, geräuchert oder gebeizt. Zander, Hecht, Äsche und Barsch bevölkern nicht nur Seen und Flüsse, sondern auch die Wochenmärkte und Speisekarten der Restaurants. Als Delikatesse gelten Fischrogen und Flusskrebse. Aber auch die Kleinen haben etwas zu sagen: *Silakka,* der Ostseehering (Strömling), hat die Küstenregionen für sich erobert, *muikku,* die Kleine Maräne, ist gefragte Spezialität in Seenfinnland.

Fleisch

Natürlich kennt die finnische Küche das vertraute Rind- und Schweinefleisch, Braten und Steaks. Doch wer Landestypisches sucht, probiert lokale Spezialitäten: den karelischen Fleischtopf *Karjalanpaisti* oder südkarelisches *Särä,* ein im Holztrog gebackenes Ofengericht aus Lammfleisch und Kartoffeln, oder einfach eine leckere

Picknick auf Finnisch: alles, was Wälder, Flüsse und Seen bieten

Finnische Spezialitäten

Lassen Sie sich diese Köstlichkeiten gut schmecken!

Graavi lohi – Gravlachs mit viel frischem Dill. Die Köstlichkeit ist praktisch auf jedem Büfett zu finden.

Kalakukko – kleine Barsche oder Maränen, mit Schweinefleisch und/oder Speck im Brotteig gebacken. Kalakukko gilt als »erste Konserve«, die sich die Fischer für ein paar Tage als Verpflegung mitnahmen.

Kala paperissa – Fisch in gebuttertes Pergamentpapier gehüllt und in mehrere Lagen Zeitungspapier gewickelt, auf Glut gegart

Karjalanpaisti – Karelischer Fleischtopf mit Rind, Hammel und Schwein

Karjalanpiirakat – Karelische Piroggen. Gebackene Roggenteigtaschen gefüllt mit Kartoffeln *(peruna)*, Fleisch *(liha)*, Reis *(riisi)*, mit Eibutter bestrichen

Kesäkeitto – Sommersuppe aus Milch, frischem Gemüse und frischen Kräutern

Kiisseli – erfrischende Fruchtkaltschale als Nachtisch

Kotikalja – aus Wasser, Malz, Zucker und Hefe hausgebrautes »Bier«; kaum Alkohol, oft auf Büfetts angeboten

Lenkkimakkara – Fleischwurst im Ring. Ohne sie kann kein Finne sein. Eine spezielle Art nimmt man mit in die Sauna und gart sie dort während des Saunabads.

Liekki lohi – Flammlachs. Der ganze Fisch wird aufgeklappt, entgrätet, auf ein Brett genagelt und aufrecht am Feuer gegrillt.

Lohikeitto – Lachssuppe, mit Milch, Kartoffeln und Dill zubereitet

Mäti – Fischrogen, vor allem von Aalquappe/Aalraupe *(made)*, Kleiner Maräne *(muikku)* und Renke/Felchen *(siika)*. Wird mit gehackten Zwiebeln, Sauerrahm und Pellkartoffeln gegessen.

Marjaviini/Marjalikööri – süß bis herb: wunderbar fruchtige Weine und Liköre aus heimischen Beeren

Mustamakkara – gegrillte Grützblutwurst, meist mit Preiselbeeren

Poronkäristys – Rentierfleisch geschnetzelt und sautiert, in der Regel mit Kartoffelpüree und Preiselbeeren genossen. Auch außerhalb der Rensaison (in den Wintermonaten) erhältlich.

Fleischpirogge. Die einheimischen Wildgerichte sind nicht alltäglich. Rentier *(poro)* und Elch *(hirvi)* werden in traditionell finnischen Restaurants serviert. Die russisch beeinflusste Küche wagt sich an *karhu*, Bär, heran. Das alles gibt es dann auch als Salami oder Schinken zum Mitnehmen nach Hause, in den Markthallen Helsinkis oder anderer größerer Städte.

Süßes
Kuchen und Nachspeisen sind in Finnland genauso lecker wie Bonbons, Schokolade (am liebsten von *Fazer*) und Eis. Typisch zum Kaffee – dem finnischen Nationalgetränk, milder geröstet und schmackhafter als hierzulande – genießen die Finnen Hefegebäck mit Kardamom *(pulla)* und *munkki*, die an Berliner erinnern. Oder sie gönnen sich ein Stück des unvergleichlichen Kuchens mit Erdbeeren *(mansikka)* oder Blaubeeren *(mustikka)*. Überhaupt Beeren! Pflücken Sie sich Ihr Dessert doch selbst auf einer der Beerenfarmen – oder direkt im Wald. Das schmeckt noch richtig nach Frucht. Als Nachtisch unbedingt zu empfehlen: heißer, gebackener Labkäse mit Multebeeren aus dem hohen Norden. Delikat!

Getränke
Zum Essen und im Familienkreis dominieren eher nicht alkoholische Getränke, Tafelwasser, das Malzgetränk *kotikalja*, Saft (oft aus Fruchtsirup), Limonade und Cola.
Das Verhältnis der Finnen zum Alkohol ist bestimmt durch den scharfen Wechsel von Kälte und Wärme, Helligkeit und Dunkelheit übers Jahr und durch das jahrelange Monopol des staatlichen Alko-Konzerns, mit kompensatorisch lebhafter Schwarzbrennerei in den Familien. Erst langsam wird das Schankrecht gelockert, erst allmählich werden die Preise für Alkohol erträglicher. Es gibt qualitativ gutes helles Bier, *siideri* (Apfelwein) und *lonkeri* (Longdrink). Spezialitäten sind die köstlichen Beerenweine **Insider Tipp** von Johannis-, Erd-, Preisel- und Blaubeeren bis hin zum aus Multebeeren hergestellten Lakka-Likör und zum Koskenkorva-Wodka.

Restaurants
Die Bandbreite an Restaurants ist vor allem in Helsinki und den bedeutenderen Städten des Landes groß. Traditionelle finnische Küche brutzelt hier neben russischer und internationaler Gourmetküche. Italiener wechseln sich mit Tapas- und Sushibars ab.
Viele Lokale bieten zu günstigen Preisen einen Mittagstisch an, der nicht weniger frisch und köstlich ist als die preislich gehobenere Abendvariante. Oft kann man sich dabei vom reich bestückten Büfett bedienen. Es gibt hier alles von Vorspeisen, Fisch, Suppen, Salaten, Braten, Aufläufen bis zu Desserts.
Das Auge isst mit – mit besonderer Freude in den oft herrlich gelegenen Sommerrestaurants am Meer oder am See, am Hafen, im Wald, inmitten blühender Natur. Ein sonniger Nachmittag oder Abend auf der Terrasse oder im Garten ist die passende Kulisse für so manche kulinarische Köstlichkeit. Dabei darf es ruhig auch mal ein einfaches Plätzchen sein, eine *baari* oder *kahvila*, eine Cafeteria oder ein Imbiss zwar ohne volles Schankrecht, aber mit guter, herzhafter Küche und leckeren Snacks.

Nordische Genüsse, ausgefallenes Design

Bringen Sie ein echtes Stück Finnland mit nach Hause – für sich selbst und für Ihre Freunde

Die Klarheit, die in finnischem Design steckt, ist einfach bestechend. Gläser, Besteck und Porzellan der berühmten Designfirmen Arabia, Hackman und Iittala, Stoffe und Kleidung der Marken Marimekko und Ilona Pelli, Schmuck aus Holz von Aarikka und in edlem Metall von Lapponia werden Sie mit ihrer schnörkellosen Linienführung an die finnische Architektur und Landschaft erinnern, an die spiegelblanken Seen, die schlanken Fichten und das helle Licht. Finnisches Design hat zwar immer ästhetische Formen, ist aber zuallererst Gebrauchsgegenstand. Vielerorts können Sie schöne Stücke günstiger direkt ab Fabrik erwerben. Achten Sie unterwegs auf entsprechende Schilder.

Kleidung, Tischsets oder Taschen aus *poppana,* einer feinen Bändchenweberei, sind dauerhaft hübsch und etwas Besonderes, so die Kreationen aus der Kollektion von Annikki Karvinen. Vor allem im Norden bekommen Sie interessante handgearbeitete Holzwaren: Gedrechselte Schüsseln, Schalen für Brot und Obst, Löffel für Mehl und Zucker sowie Schneidbretter sind hübsche Mitbringsel.

Ausgefallen ist Schmuck von Kalevala Koru, der nach alten überlieferten Mustern hergestellt wird. Reizvoll auch Kaunis Koru, die moderne Linie des Unternehmens, gestaltet von jungen Schmuckdesignern. Zu bekommen sind sie in guten Juweliergeschäften, aber auch in großen Warenhäusern.

Saunautensilien finden Sie natürlich in reicher Auswahl und guter Qualität. Aufgussessenzen mit dem Duft nach Birke, Teer oder Rauchsauna sind ein Souvenir, das Sie bei jedem Schwitzgang an Ihre Finnlandreise erinnern wird.

Noch eine Idee: Kaufen Sie für ein finnisches Fest daheim Lebensmittel ein. Mit Roggen- und Knäckebrot, Käsespezialitäten, verschiedenen Fischmarinaden (vor allem *muikku* und *silakka*), geräucherten Fischen und Rentierschinken ist schnell ein Büfett zusammengestellt. Zum Schluss kaufen Sie noch einige Gläser Beerenmarmelade (vor allem Multebeeren, *lakka*), Süßigkeiten (Schokolade, Kekse, Lakritz) und fruchtigen Beerenwein – und schon haben Sie alles zusammen, um mit Freunden ein finnisches Fest zu feiern!

International geschätzt: finnisches Design vom Stuhl bis zur Serviette

Feste, Events und mehr

**Finnen genießen und feiern gern –
einen Anlass dazu gibt es immer**

Im ganzen Land präsentieren sich Stadt und Land mit einem bunten Strauß an Veranstaltungen, bei denen hochkarätige Kunstdarbietun-

Johannisfeuer

gen neben Gaudi und Kuriosa stehen. Also auf zu Knoblauchfestival, Sumpffußball und Meisterschaften im Frauentragen – zur Erbauung der Einheimischen und zu Ihrem Vergnügen. Infos zu diesen und anderen Events: *www.festivals.fi.* Außerdem gibt es beim Fremdenverkehrsamt eine Broschüre auf Deutsch dazu.

Feiertage

1. Januar *uusi vuosi* Neujahr;
6. Januar *loppiainen* Dreikönigstag, die russisch-orthodoxe Kirche feiert Weihnachten; *pitkäperjantai* Karfreitag, *pääsiäinen* Ostersonntag/Ostermontag; **1. Mai** *vappu* Maifeiertag, Tag der Arbeit und Studentenfest; *helatorstai* Himmelfahrt; *helluntai* Pfingstsonntag; **Fr und Sa (nachts) nach dem 20. Juni** *juhannus* Mittsommerfest; **Sa nach dem 1. November** *pyhäinpäivä* Allerheiligen; **6. Dezember** *itsenäisyyspäivä* Unabhängigkeitstag; **24.–26. Dezember** *joulu* Hl. Abend/Weihnachten

Feste und Veranstaltungen
Februar

Musica nova (Helsinki): Forum für alle Strömungen zeitgenössischer Musik, *www.musicanova.lasipalatsi.fi*

Februar–April

★ *LumiLinna Snow Castle* in Kemi: ein Schloss aus Eis und Schnee, und sogar übernachten kann man hier *(Mo–Do 10–18, Fr–So 10–20 Uhr, www.snowcastle.net)*

März

Musikfestspiele Oulu: Klassische Töne im winterlichen Norden sorgen für warme Gefühle, *www.oulun musiikkijuhlat.fi*

April

April Jazz Espoo: Gepflegte Töne, gute Laune und wippende Füße garantiert, *www.apriljazz.fi*

Mai

Chorfestival Vaasa: Für volle Ohren sorgen Barbershop bis Opernchor, *www.vaasa.fi/choirfestival*

Juni

Internat. Tanzfestival Kuopio: im Saal oder auf der Freilichtbühne, Klassik oder Avantgarde – alles dreht sich, *www.kuopiodancefestival.fi*

Insider Tipp *Avanti!-Sommerklänge (Porvoo):* Kammermusik, Liederabende. Ungewöhnliches in gelöster Atmosphäre, *www.avantimusic.fi;*

★ *Mittsommerfest (Fr/Sa nach der Sommersonnenwende):* landesweite Party, mit Sonnenwendfeuer, Tanz im Freien. Hier findet garantiert jeder Anschluss.

Juli

Tangofestival Seinäjoki: In der Hauptstadt der sentimentalen Schwermut wählt das Volk sein Königspaar und erobert die Straßen im Tanz, *www.tangomarkkinat.fi*

Insider Tipp *Kihaus Folkfestival (Rääkkylä):* Feines, familiäres Festival in der karelischen Provinz, *www.kihaus.fi*

Ende Juli/Anfang August

★ *Savonlinna Opernfestspiele:* Das Publikum erlebt Aufführungen der Spitzenklasse in herrlicher Burgkulisse, *www.operafestival.fi*

August

Internat. Tanzfestival Tampere: Profiensembles zeigen Stücke auch an ungewöhnlichen Orten, *www.tampere.fi/festival*
Helsinki Festwochen (Ende Aug.): ein Feuerwerk an Events für alle Sinne. Highlight ist die Nacht der Künste, *www.helsinkifestival.fi*

September

Sibeliusfestival Lahti: Kleine Konzertreihe, die ganz dem Meister gewidmet ist, *www.lahti.fi/symphony*

Oktober

Internat. Pianowochen Espoo: Bunte Klangwelten, *www.kuoroespoo.fi*

November

Tampere Jazz Happening: Draußen cool, innen hot. Freejazz, Rock und Weltmusik, *www.tampere.fi/jazz*

Dezember

Zeit der Weihnachtsmärkte: *Frauen-Weihnachtsbasar (auch für Männer)* im Wanha Satama (Helsinki)

Savonlinna: Opernfestspiele

Tor zu Finnland – Tor zur Welt

Helsinki, die »Tochter der Ostsee«, zeigt sich selbstbewusst und liebenswert

Karte in der hinteren Umschlagklappe

Bei Tag und bei Nacht eine Attraktion: Riesenrad im Linnanmäki-Park

Direkt am Wasser liegt sie, die Landeshauptstadt Finnlands, mit Hunderten vorgelagerter Inseln und Schären. Helsinki ist gleichzeitig Metropole mit 560 000 Einwohnern, junge, lebendige und weltoffene Stadt – und doch überschaubar, charmant und liebenswert. Eine großzügige Bebauung, Grünflächen, Buchten und Badestrände gehen eine einzigartige Verbindung ein mit großer Architektur, kulturellen Highlights, Szeneleben und Events. Helsinki ist Universitäts- und Verwaltungsstadt ebenso wie Hightechmetropole. Jeder Stadtteil hat sein eigenes Gepräge, ob Jugendstil in Eira und Katajanokka oder Arbeiterkultur in Kallio. Helsinki bietet prunkvolle Fassaden im Zentrum ebenso wie Seefahrtsgeschichte und Fabrikmilieu am Nordhafen, Holzhäuser in Vallila oder dem adretten Puu-Käpylä ebenso wie die neuen Außenbezirke.

Es gibt viele Möglichkeiten, Helsinki zu erkunden. Das überschaubare Zentrum lässt sich bequem zu Fuß erwandern (siehe Ausflüge &

Krönung von Helsinkis Senatsplatz: die Domkirche

Touren). Die Tourismusinformation hält dazu eine Broschüre in Deutsch bereit. Eine ungewöhnliche, aber empfehlenswerte Variante, die Stadt kennen zu lernen, ist die knapp einstündige ★ Rundfahrt mit der Straßenbahnlinie 3T (normales Ticket, Begleitheft bei den Verkehrsbetrieben) vorbei an allem Sehenswerten im Herzen Helsinkis. Oder Sie steigen in die Spårakoff-Bahn, den fahrenden Pub der örtlichen Koff-Brauerei. Angeboten werden natürlich auch Stadtführungen mit dem Bus (Audiosightseeing ab Esplanadi, live in Englisch von den großen Fähranlegern Olympiakai und Katajanokkaterminal aus) oder zu Fuß. HelsinkiExpert organisiert darüber hinaus Ausflüge in die Umgebung Helsinkis, u.a. nach Porvoo oder zum Na-

Abwechslungsreich gestaltete Häuserfassaden in Helsinkis Innenstadt

tionalpark Nuuksio *(reguläre Touren nur im Sommer, Tel. 09/ 22 88 16 00, www.helsinkiexpert. fi)*. Besonders schön: Helsinki vom Wasser aus. Die Schiffe starten am Südhafen und fahren durch die Hafenbecken, zur Geburtsstätte Helsinkis in Vanhankaupunki oder in einer längeren Tour durch die herrliche Küsten- und Inselwelt bis hinauf nach Porvoo.

SEHENSWERTES

Bahnhof (Rautatieasema) [U C3]
Zeitlos schönes Architekturbeispiel des späten finnischen Jugendstils (1916). Hauptwerk von Eliel Saarinen, der Professor an der Kunstgewerbeschule Düsseldorf war.

Felsenkirche (Temppeliaukion kirkko) [U B3]
★ Die Kirche liegt ein wenig abseits vom Zentrum im Stadtteil Töölö. In einen Felsenhügel wurde von oben her ein Raum gesprengt und mit einer Kuppel aus Glas und Kupfer gedeckt. Die Wände blieben nackter Fels. Der archaische Raum strahlt große Ruhe aus und ist ideal für eine meditative Pause oder einen Konzertbesuch. Die Architekten Timo und Tuomo Suomalainen haben die Kirche 1969 vollendet. *Lutherinkatu 3*

Finlandia-Halle (Finlandiatalo) [U B3]
Die Konzert- und Kongresshalle am südlichen Ufer der Töölö-Bucht ist das Werk des berühmten Alvar Aalto. Sie wurde 1971–1975 aus weißem Marmor errichtet. Hier wurde die wichtige KSZE Schlussakte verabschiedet. Die zwei Konzertsäle mit zusammen über 2000 Plätzen bieten eine hervorragende Akustik. *Mannerheimintie 13*

Kallio-Kirche (Kallion kirkko) [U D1]
Ein klassisches Beispiel finnischen Jugendstils (Lars Sonck,

1912) ist die jüngst aufwändig renovierte Kirche mit Art nouveau-Ornamenten. Das Glockenspiel spielt Sibelius-Melodien. *Itäinen Papinkatu 2*

Marktplatz (Kauppatori) [U D4]

★ Der Marktplatz liegt unmittelbar am Südhafen, sodass die Waren, v. a. fangfrischer Fisch, direkt vom Boot aus verkauft werden. Die Markthalle *Wanha Kauppahalli* stammt noch aus der Zarenzeit (1891). Am Übergang vom Esplanadenpark zum Marktplatz steht die Statue *Havis Amanda*, das Wahrzeichen Helsinkis, auf einem Springbrunnen. Gegenüber erhebt sich rechts an der Ecke das Präsidentenpalais (1843 von Carl Ludwig Engel umgestaltet), weiter links das Stadthaus, hinter dem es zum Senatsplatz geht. *Marktzeiten: Kauppatori 6.30–14, im Sommer 6.30–18, Sa 6.30–16 Uhr; Kauppahalli Mo–Fr 8–19, Sa 8–15 Uhr*

Olympiastadion [U B1]

Das Stadion wurde für die Olympischen Spiele 1940 errichtet, die aber wegen des Krieges erst 1952 stattfanden. Vor dem Stadion ein Denkmal für Paavo Nurmi, den sagenhaften Langstreckenläufer. Vom ◀▶ Turm aus (72 m) hat man eine gute Sicht. *Paavo Nurmen Kuja 1*

Senatsplatz (Senaatintori) mit Dom (Tuomiokirkko) [U D4]

★ ◀▶ 🏃 Nach Entwürfen des Architekten Carl Ludwig Engel aus Berlin, ein Schüler Schinkels, wurden die klassizistischen Gebäude am Senatsplatz (1820–50) geschaffen. Im Norden steht die ◀▶ Domkirche *(Tuomiokirkko)*. Auf den Stufen davor trifft man immer junge Leute an, denn links davon liegt die Universität. Gegenüber steht der

Bau, der dem Platz seinen Namen gab: Von hier aus regierte zur Zarenzeit der Senat das Land. Heute sind Ministerien darin untergebracht. In der Platzmitte schaut Zar Alexander II. zum Hafen hinab.

Suomenlinna [112 A5]

★ Gleichzeitig bewohnter Stadtteil, herrliche Ausflugsinseln und Unesco-Weltkulturerbe – Suomenlinna gehört zu den Musts in Helsinki. Mit der Fähre (Nahverkehrsticket) geht es in 15 Minuten hinüber zu den alten Festungsanlagen (1748), wo sieben Museen – u. a. zur Geschichte der Festung – und ein Unterseeboot zu besichtigen sind. Multivisionsshow im Besucherzentrum. Kunstausstellungen, ein Glas- und Keramikstudio, eine Brauerei, Restaurants und Cafés erwarten die Ausflügler. Außerdem kann man herrlich spazieren gehen und sogar baden.

Uspenski-Kathedrale (Uspenskin katedraali) [U E4]

Östlich des Marktes sehen Sie die vergoldeten Kuppeln der größten orthodoxen Kirche außerhalb Russlands. 1868 fertig gestellt, ragt sie durch ihre »fremde« Architektur aus der Umgebung heraus. Sie ist damit auch ein Sinnbild für den östlichen Einfluss in Finnland und für die religiöse Toleranz der Finnen.
Kanavakatu

PARKS

Brunnenpark (Kaivopuisto) [U D–E6]

Am Fuß des hügeligen Parkgeländes liegt das Botschaftsviertel. Die vielen Jugendstilvillen sind Meisterwerke finnischer Architekten. Von den Felsen auf dem Hügel haben Sie eine prächtige Aussicht auf die Inseln vor Helsinki und mehrere kleine Bootshäfen. Am Uferweg sehen Sie, typisch finnisch, eine traditionelle Teppichwaschanlage, fest gezimmerte Tische auf Stegen ins Wasser gebaut. Dort schrubben oft ganze Familien mit Wurzelbürste und Kernseife ihre Flickenteppiche. Im Sommer wird der Park zur Bühne für Openairkonzerte und auf dem großen Rasen wird gepicknickt. Gönnen Sie sich eine Rast im berühmten Café Ursula an der Uferpromenade.

Die Helsinki Card

Gratis quer durch Finnlands Hauptstadt

Besucher Helsinkis sollten sich unbedingt die *Helsinki Card* zulegen. Mit ihr fährt man nicht nur gratis in den öffentlichen Verkehrsmitteln, sondern hat auch freien Zutritt zu über 50 Museen und Sehenswürdigkeiten. Sightseeingtouren sind mit der Karte um weit über die Hälfte billiger. Die Helsinki Card bekommen Sie bei der Touristeninformation, beim Zimmernachweis am Hauptbahnhof, in Hotels und Reisebüros. Sie kostet für 24 Stunden 25 Euro, für 48 Stunden 35 Euro, für 72 Stunden 45 Euro.

Treffpunkt: das »Kappeli« zwischen den beiden Teilen der Esplanadi

Esplanadi   [U C–D4]

★ 🏃 Der schmale Park zwischen der Prachteinkaufsstraße *Pohjoisesplanadi* (Nordesplanade) und ihrer Schwester *Eteläesplanadi* (Südesplanade) ist Flaniermeile und Treffpunkt v. a. für junge Leute. In der Umgebung gibt es jede Menge In-Lokale und Cafés.

Insider Tipp   Insel Pihlajasaari   [0]

Im Sommer führt eine Bootsverbindung (15 Min.) vom Anleger westlich des Brunnenparks nach Pihlajasaari, zwei durch eine Brücke verbundene Inseln. Es gibt dort Badestrände, idyllische Waldwege, ein Café und Grillplätze.

Sibelius-Park (Sibeliuksen puisto)   [U A1–2]

Sehenswert ist das Sibelius-Denkmal der karelischen Bildhauerin Eila Hiltunen (1967). In einer abstrakten Komposition aus Hunderten von Stahlröhren interpretiert Hiltunen Sibelius Musik. Konzession an Proteste gegen das unkonventionelle Kunstwerk: die Porträtplastik des berühmten Komponisten. *Mechelininkatu (Nordende)*

Töölö-Bucht (Töölönlahti)   [U B–C1–2]

Die Bucht lässt sich ganz umrunden, eine Oase mitten in der Stadt. Zu Fuß oder per Fahrrad geht es im Westen vorbei an der Finlandiahalle, der Oper, dem Wintergarten und an alten Holzvillen auf der Ostseite. Schöne Ausblicke zwischen Moderne und Nostalgie.

MUSEEN

Weit über 50 Museen und Sammlungen nennt Helsinki sein Eigen. Das Spektrum reicht von Kunst und Design bis zu Technik und Geschichte. Multifunktionshäuser sind *Tennispalatsi* mit Museen und Multiplexkino *(Salomonkatu)* sowie

Kaapelitehdas *(Tallberginkatu, Stadtteil Ruoholahti)*, die ehemalige Kabelfabrik von Nokia, die heute Museen, Galerien, Tanz- und Musikstudios beherbergt.

Ateneum [U C4]

Das älteste Kunstmuseum Finnlands zeigt Malerei und Plastik vom 18. Jh. bis in die 1960er-Jahre. Besonders interessant: finnische Meisterwerke des Goldenen Zeitalters um 1900 (Albert Edelfelt, Akseli Gallen-Kallela, Helene Schjerfbeck, Hugo Simberg). *Kaivokatu (am Bahnhofplatz), Di/Fr 9–18, Mi/Do 9–20, Sa/So 11–17 Uhr, www.fng.fi*

 Design Forum Finland [U C3]

Hier im architektonisch spannenden gläsernen Sanomatalo ist alles zusammengetragen, was den Begriff des finnischen Designs geprägt hat. *Mannerheiminaukio 3, Mo bis Fr 10–18, Sa/So 11–16 Uhr, www. designforum.fi*

Finnisches Nationalmuseum (Kansallismuseo) [U B3]

Finnische Geschichte von den Anfängen bis zur Gegenwart im imposanten nationalromantischen Bau (schöne Sandsteinornamentik am Hauptportal). Archäologische Funde, ethnologische Zusammenhänge. Hier bekommt man Antworten auf die Frage: Wer sind sie eigentlich, die Finnen? *Mannerheimintie 34, Di–Mi 11–20, Do–So 11–18 Uhr, www.nba.fi*

Freilichtmuseum (ulkomuseo) auf der Insel Seurasaari [0]

In schöner Parklandschaft mit viel Wald werden Gehöfte, Herrenhäuser, Saunas, Mühlen und eine Holzkirche gezeigt. Die Gebäude stammen aus allen Teilen Finnlands. *Juni–Aug. Mo–So 11–17, Mi 11–19 Uhr, Mai und Sept. eingeschränkte Öffnungszeiten, bitte erkundigen; Bus 24 nach Meilahti, im Sommer per Motorboot vom Marktplatz*

Kiasma: Schon das Gebäude (1998 eröffnet) ist ein Kunstwerk

Kiasma [U C3]

Geschwungene Wände, asymmetrische Räume, überraschende Ein- und Ausblicke schaffen den idealen Rahmen für neue und neueste Kunst (ab den 1960er-Jahren). Gutes Café! *Mannerheiminaukio, Di 9–17, Mi–So 10–20.30 Uhr, www.fng.fi*

Stadtmuseum Helsinki (Kaupunginmuseo) [U D4]

Alles über das Leben in und um Helsinki seit der Stadtgründung, gut aufbereitet. *Sofiankatu 4, Mo–Fr 9–17 Uhr, Sa/So 11–17 Uhr, www.hel.fi/kaumuseo*

Eins der acht Filialmuseen ist das **Insider Tipp** *Arbeiterwohnungsmuseum (Työväenasuntomuseo)*. Es zeigt ungeschönt die bescheidenen Wohnverhältnisse der Helsinkier Arbeiterschaft von 1909 bis 1985. Spannend: Nichts ist verändert, Teller und Flasche stehen auf dem Tisch, als wären die Arbeiter gerade zur Tür hinaus gegangen. *Kirstinkuja, Mai–Sept. Mi–So 11–17 Uhr*

ESSEN & TRINKEN

Alexander Nevski [U D4]

Das traditionsreichste Restaurant für russische Spezialitäten. *Pohjoisesplanadi 17, Tel. 09/686 95 60, €€€*

Café Ekberg [U C5]

Eine Institution in Helsinki, etwas nostalgisch, gerade deshalb frequentiert von Jung und Alt. Hervorragende Kuchen. *Bulevardi 9, Tel. 09/68 11 86 60*

Café Engel [U D4]

Lockere Bistroatmosphäre am Senatsplatz, beliebter Treffpunkt für Einheimische und Touristen. *Aleksanterinkatu 26, Tel. 09/65 27 76*

Eatz [U C3]

Jung, trendy, freie Auswahl unter angesagten Küchentrends von Sushi bis Texmex. Vom Esstisch geht's gleich weiter zu Party, Club und Bar. *Mikonkatu 15, Tel. 09/687 72 40, €*

Elite [U B2] **Insider Tipp**

Seit Jahrzehnten Treff für (Lebens)künstler, ihre Musen und Studenten zu Elchsuppe und mehr. *Eteläinen Hesperiankatu 22, Tel. 09/434 22 00, €€*

Havis Amanda [U D4]

Hochklassiges Fischrestaurant in altem Apothekergewölbe. Schiffsmodelle geben ein maritimes Ambiente. *Unioninkatu 23, Tel. 09/68 69 56 60, €€€*

Kappeli Café-Brasserie [U D4]

🏃 Hier trifft man Leute. Der Kuppelbau mit großen Glasfenstern beherbergt ein Caféhaus und ein gehobenes Restaurant. Sommerterrasse am Esplanadenpark. *Eteläesplanadi 1, Tel. 09/681 24 40, €€*

Karelia [O]

Authentisch finnisch-karelische Küche; außerhalb der Stadt auf dem Weg zum Flughafen. *Käpylänkuja 1, Tel. 09/54 07 75 00, €*

Kynsilaukka Garlic [U C5]

Schmackhafte Küche, spezialisiert auf Knoblauchgerichte. *Fredrikinkatu 22, Tel. 09/65 19 39, €€*

Ostrobotnia [U B3]

Hier wird die Küche der finnischen Nordwestküste serviert, zum preiswerten Sattessen. *Dagmarinkatu 2, Tel. 09/40 86 02,* €

Perho [U A3]

Finnische und internationale Küche, preiswert, aber immer gut. Die Azubis der ersten finnischen Restaurantschule servieren mit Charme und Ambition. *Mechelininkatu 7, Tel. 09/58 07 86 00,* €

G. W. Sundmans [U D4]

Im ersten Stock eines Herrenhauses aus dem 17. Jh. mit Blick über den Hafen. Gehobene, moderne finnische Küche (€€€). Im Erdgeschoss gibt es ein preiswerteres Angebot (€€). *Eteläranta 16, Tel. 09/622 64 10*

Zetor [U C4]

Restaurant in schrägem Kaurismäki-Ambiente mit Traktoren, Sauna und Skurrilem. Gemischtes Publikum, aber v. a. bei jungen Leuten beliebt. Serviert wird finnische Küche in Portionen für den großen Hunger. *Mannerheimintie 3–5, Tel. 09/66 69 66,* €€

EINKAUFEN

Märkte

Außer dem *Kauppatori* [U D4] hat Helsinki noch weitere Märkte, auf denen nicht nur Lebensmittel, sondern auch Blumen und Kunsthandwerk verkauft werden. *Hakaniementori* [U D2] liegt im Stadtteil Hakaniemi. Die Markthalle dort ist eine Fundgrube für Souvenirs. Ein kleiner, aber schöner Markt mit stets frischer Ware ist *Töölöntori* [U A–B2], fast am Nordende der Runeberginkatu.

Hietalahdentori [U B5] heißt Helsinkis Flohmarkt (auf dem gleichnamigen Platz am Ende des Bulevardi), mit Öko-Markthalle. *Mo–Fr 8–18, Sa bis 15 Uhr; im Sommer auch So 8–15 Uhr*

Passagen und Kaufhäuser

Stockmann [U C4] an der *Aleksanterinkatu*, Skandinaviens größtes Kaufhaus (mit Lübecker Wurzeln), führt einfach alles von alltäglich bis exklusiv. Dazu gehört die *Akademische Buchhandlung* gleich neben-

Auf dem Kauppatori am Südhafen wird nur beste Ware angeboten

Internationale Politik

Finnland ist geschätzter Partner und Ratgeber

Nicht nur in Wirtschaft und Forschung, auch auf dem Parkett der internationalen Politik macht *Suomi* eine gute Figur. Das Land genießt Respekt und Vertrauen. In der EU hat es seit seiner Mitgliedschaft 1995 das Prädikat des Musterschülers. Die Finnen verstehen es, konstruktiv und sachlich die Union voranzutreiben, ihre Verpflichtungen gewissenhaft zu erfüllen und gleichzeitig mit Nachdruck, aber diplomatisch nationale Interessen zu vertreten. Finnland genießt seit den KSZE-Verhandlungen in den 1970ern den Ruf, ein vertrauenswürdiger Mittler und Helfer in Konflikten zu sein. Das gilt bis heute. So ist beispielsweise der ehemalige Ministerpräsident Harri Holkeri in Sachen Balkankonflikt tätig.

an, ebenfalls die Nummer Eins im Norden. *Forum* **[U C4]** bietet an der *Mannerheimintie* 120 Shops und Gourmetstationen unter einem Dach. Die neueste und modernste Passage ist die *Kämp Galerie* **[U D4]**, edles Ambiente für Mode, Schmuck und anspruchsvolle Accessoires, *Aleksanterinkatu*. Das etwas andere Einkaufserlebnis: *Kiseleff Basar* **[U D4]**, 20 kleine Läden in der alten Warenhalle im Empirestil, *Aleksanterinkatu 28*. Nostalgisch: der Spielzeugladen *Fanny & Alexander*. Und jede Menge gutes Kunsthandwerk. Kontrast: Mit der Metro 15 Min. ins Ostzentrum. *Itäkeskus* ist eine eigene Einkaufswelt mit 240 Geschäften.

Shoppen und Flanieren [U C4–5]
Die Esplanaden, die Parallelstraße *Aleksanterinkatu* und ihre Querstraßen sind ein wahres Shoppingparadies. Prachtvolle Auslagen, nette kleine Läden, Cafés und In-Lokale im Wechsel. Hier finden Sie alle bekannten Fashion- und Designnamen: Marimekko, Aarikka und Ara-

bia. Witzige Boutiquen und Fachgeschäfte warten auch in der *Fredrikinkatu* und Nebenstraßen auf Gucker und Käufer.

ÜBERNACHTEN

Zimmernachweis im Hauptbahnhof *(Tel. 09/22 88 14 00, www.helsinkiexpert.fi).* Die Konkurrenz unter den Hotels ist groß. Fragen Sie unbedingt nach Rabatten – v. a. im Sommer gibt es attraktive Angebote (z. T. 50 % Preisnachlass).

Anna [U C5]
Schönes Privathotel, zentral, aber trotzdem relativ ruhig gelegen. *64 Zi., Annankatu 1, Tel. 09/61 66 21, Fax 60 26 64, www.hotelanna.com,* €€€

Camping [112 A5]
Wer preisgünstiger und im eigenen Zelt übernachten möchte, steuert den Campingplatz Rastila an *(Stadtteil Vuosaari, 13 km östl., ganzjährig, Tel. 09/321 65 51, Fax 344 15 78)* oder Oittaa *(Espoo,*

Klare Linien und viel Glas bestimmen das moderne Opernhaus Helsinkis

20 km nordwestl., Mai–Aug., Tel. 09/61 38 32 10).

Eurohostel [U F4]
🏃 Einfaches, budgetfreundliches Haus, halb Jugendherberge, halb Hotel. *135 Zi., Linnankatu 9, Tel. 09/622 04 70, Fax 65 50 44, www.eurohostel.fi, €*

Kämp [U D4]
Luxus total. Hier komponierte einst Jean Sibelius, hier traf sich die Bohème, hier wurde Politik gemacht. *180 Zi., Pohjoisesplanadi 29, Tel. 09/57 61 11, Fax 576 11 22, www.hotelkamp.fi, €€€*

Martta [U C5]
Freundliches, familiäres Hotel. Viele In-Adressen – Kneipen und Shopping – liegen ganz in der Nähe. *44 Zi., Uudenmaankatu 24, Tel. 09/618 74 00, Fax 618 74 01, www.marttahotelli.fi, €€*

Scandic Hotel Grand Marina [U E4]
Luxuriöses Haus direkt am Hafen, fünf Restaurants. Tagungsstätte der KSZE-Nachfolgekonferenz. *479 Zi., Katajanokanlaituri 7, Tel. 09/166 61, Fax 66 47 64, www.scandic-hotels.com, €€€*

AM ABEND

Nightlife
🏃 Helsinki hat eine quicklebendige Club-, Kneipen- und Nightlifeszene. Angesagt ist der Stadtteil Kamppi **[U B–C4]** mit dem Rockmusikclub *Tavastia (Urho Kekkosenkatu)* und Ostalgie in der *Moskva Bar (Eerikinkatu).* Ob Schwitzen in der *Saunabar*, VIP-Club *Tiikeri* in der *Yrjönkatu* oder die *SF-Baari* in der *Uudenmaankatu* – das Leben tobt. Auch im Zentrum ist einiges los **[U C–D4]**, hier vor allem im *Vanha* im Alten Studentenhaus *Mannerheimintie* oder im *On the Rocks* in der *Mikonkatu.* In *Töölö* laden *St. Urho's Pub* und das *Botta (Museokatu)* zum Abtanzen.

Oper, Konzert, Ballett, Theater
Auch die so genannte Hochkultur ist in Helsinki angesagt und gar nicht elitär. Vor allem Orchester,

Chöre und Tanzkompanien genießen internationales Renommée. Auskunft über aktuelle Programme und Vorverkaufsstellen in der städtischen Touristeninformation bzw. in Hotels. Ticketservice: *Lippupalvelu* **[U D4]***, Aleksanterinkatu (Stockmann), Tel. 0600/108 00, vom Ausland Tel. 00358/9/613 86 11*

AUSKUNFT

Fremdenverkehrsamt der Stadt Helsinki [U D4]

»Helsinki This Week«: kostenloser Veranstaltungskalender, aktuelle Öffnungszeiten, Stadtplan, viele Tipps. *Pohjoisesplanadi 19, Tel. 09/169 37 57, Fax 169 38 39; Mo–Fr 9–18, Sa 10–16 Uhr; im Sommer Mo–Fr 9–20, Sa/So 9–18 Uhr; www.hel.fi. Nebenstelle im Hauptbahnhof*

ZIELE IN DER UMGEBUNG

Espoo [112 A5]

Helsinki ist im Westen mit der zweitgrößten Stadt des Landes, Espoo (222 000 Ew.), zusammengewachsen. Espoo ist ein Zentrum für Forschung und Technologie, hier befinden sich viele wissenschaftliche Institute und Forschungseinrichtungen. Berühmt ist der Stadtteil *Tapiola*. Die lichte, grüne »Gartenstadt« wurde 1952 realisiert (Besichtigungen zu Fuß). Sehenswerte Architektur in Espoo: die *Steinkirche* aus dem 15. Jh. im Zentrum, die *Bauten der Hochschule* im Stadtteil Otaniemi (Alvar Aalto) und das Kongresszentrum *Dipoli*, in dem u.a. die KSZE-Verhandlungen stattfanden.

Ein Museum besonderer Art sind Atelier und Wohnhaus des Malers Akseli Gallen-Kallela, von ihm selbst in allen Details geplant und 1911–1913 gebaut *(Gallen-Kallelantie 27, Mitte Mai–Ende Aug. tgl. 10–18, Sept.–Mitte Mai Di bis Sa 10–16, So 10–17 Uhr)*. Auskunft: *Itätuulenkuja 11, Tel. 09/81 64 72 30, Fax 81 64 72 38, www.espoo.fi*

Hvitträsk [112 A5]

Wohnung und Arbeitsstätte dreier berühmter finnischer Architekten in Luoma/Kirkkonummi (28 km): Eliel Saarinen, Herman Gesellius und Armas Lindgren. Sie bauten die Wohnanlage 1902 hier auf einem hohen Felsen am Wasser ganz aus Naturmaterialien. Die Anlage weist karelische und Jugendstilelemente auf, im Inneren originale Art nouveau-Einrichtungen. Zu erreichen per Auto über den Ring III (Straße Nr. 50) im Westen von Espoo. Oder mit dem L-Zug bis Luoma, von dort 3 km zu Fuß. *Nov.–März Di–So 11–17, April, Mai, Sept., Okt. tgl. 11–18, Juni–Aug. tgl. 10–18 Uhr*

Tuusulanjärvi [112 A5]

Von Helsinki geht es nördlich Richtung Järvenpää auf eine Tour rund um den See Tuusulanjärvi. Seit Beginn des 20. Jhs. ist die Region eine bedeutende Künstlerkolonie. Neben schönen Seeblicken geballtes Kulturprogramm: *Ainola*, das Wohnhaus des berühmten Komponisten Jean Sibelius, *Halosenniemi*, Atelierhaus des Malers Pekka Halonen, die *Sterbehütte* des Begründers der finnischen Literatur, Alksis Kivi, und das *Lotta-Museum*, Geschichte aus der Sicht der Frauen, die im Krieg Hilfsdienste geleistet haben. *Alle Museen im Sommer Di–So 11–18 Uhr*

Finnenfleiß und Ferienfrieden

Entlang der Küste kann man beides finden: betriebsame Städte mit exportträchtiger Industrie und die Ruhe in Fischerdörfern oder Badeorten

Dass die Finnen sich nicht damit begnügen, ruhig am nördlichen Rand Europas zu leben, kann man in den Küstenstädten sehen: Hier wird alles getan, um den Anschluss an den Rest der Welt nicht zu verlieren – und dies mit großem Erfolg. Nicht nur Holz und Papier sind Exportgüter, sondern vermehrt moderne Technologie. Aber selbst Industrielandschaften haben etwas spezifisch Finnisches: Nichts wirkt hektisch und sogar Industriegebäude bekommen ein kunstvolles Gesicht, Städte wechseln ab mit beschaulichen Dörfern. Der Süden, vor allem der Südwesten der Region, ist gekennzeichnet durch eine stark gegliederte Küste, die sich in unzähligen Schäreninseln verliert. Viele von ihnen sind über Brücken zu erreichen. Weiter nach Norden, am Bottnischen Meerbusen entlang wird die Besiedelung dünner, und es gibt weite Landstriche mit wunderschönen Sandstränden (der schönste in Yyteri bei Pori), aber auch malerische Klippen, ein Paradies für Wassersportler, vor allem für Segler und Surfer.

Die alten Lagerhäuser sind Wahrzeichen der Stadt Porvoo

Urlaubsbeginn von Anfang an: per Fähre geht es zu den Ålandinseln

ÅLANDINSELN

[110 A–B6] Åland ist etwas ganz Besonderes: Über 6500 Inseln zwischen dem schwedischen und dem finnischen Festland, 1481 m² Land, 26 000 Ew., schwedischsprachig, aber zu Finnland gehörend (seit 1921 der Völkerbund so entschied); seit 1856 demilitarisiert; autonom, mit eigener Flagge (seit 1954) und eigenen Briefmarken (seit 1984).

Die Ålandinseln sind so beliebt, da man hier herrlich radfahren, baden und sich wunderbar erholen kann. Ein Paradies für Angler und Wassersportler. Über die Häfen Mariehamn, Eckerö, Vårdö und Lång-

Seglertreff im Hafen von Mariehamn, im Hintergrund die »Pommern«

näs ist Åland mit Schweden und Finnland per Fähre verbunden. Mariehamn (11 000 Ew.) ist die Hauptstadt, 1861 von Zar Alexander II. gegründet, ein liebenswertes Städtchen mit Jachthäfen und schönen Holzhäusern.

Kastelholm

1388 wurde mit dem Bau des imposanten Burgschlosses auf der Insel Sund begonnen. Mehrfach abgebrannt, präsentiert es sich jetzt frisch restauriert. Im Sommer interessante Führungen. Gleich nebenan das *Freilichtmuseum Jan Karlsgården* und das *Gefängnismuseum Vita Björn*. Ebenfalls auf Sund die Ruinen der *Festung Bomarsund* aus russischer Zeit, 1854 im Krimkrieg zerstört.

Insider Tipp Kirchen

Auf den Ålandinseln gibt es ein ganzes Dutzend mittelalterlicher Kirchen, oft geschmückt mit Votivschiffen und Wandmalereien. Die ältesten (um 1280) stehen in *Eckerö* und *Jomala*.

Museumsschiff »Pommern«

Im Westhafen von Mariehamn liegt die »Pommern«. Die Viermastbark von 1903, die einzige im ursprünglichen Zustand erhaltene der Welt, ist heute Museumsschiff. In den 1930er-Jahren brachte sie Weizen von Australien nach England. Rekordzeit: 94 Tage! *Mai–Okt.*

Ålandsmuseum

Alles über die Geschichte des Archipels. *Stadshusparken, Mariehamn, Mi–Mo 10–16, Di bis 20 Uhr; Sept.–April Mo geschl.*

Ålands Sjöfartsmuseum

Erinnerungen an die Zeit der großen Windjammern. *Hamngatan, Mariehamn, Mai/Juni/Aug. tgl. 9–17, Juli bis 19, sonst 10–16 Uhr*

Bastö Bykrog

Ein gemütliches Familienrestaurant. *Pålsböle, Finström, Tel. 018/ 425 30, € – €€*

Nautical
Åländische (Fisch-)Spezialitäten. *Hamngatan 2, Mariehamn, Tel. 018/199 31, €€–€€€*

ÜBERNACHTEN

Bastö Hotell & Stugby
Rustikales Holzhaus mit Blockhütten für die Gäste. *Mai–Aug., 40 Zi., 20 Hütten, Pålsböle, Finström, Tel. 018/423 82, Fax 425 20, €€*

Gästehaus Kronan
B & B, Fahrradverleih. *8 Zi., Neptunigatan 52, Mariehamn, Tel. 018/126 17, Fax 195 80, €*

AUSKUNFT

Ålands Turistinformation
Storagatan 8, Mariehamn, Tel. 018/240 00, Fax 242 65, Mo–Fr 9–16, Juni–Aug. tgl. 9–18 Uhr, www.GoAland.net

HANKO

[111 E6] ★ Die südlichste Stadt Finnlands liegt auf einer weit in die Ostsee vorgeschobenen Landzunge mit 130 km Küstenlinie, über 30 km davon sind Sandstrand. Hanko (10 000 Ew.), schwedisch Hangö, ist ein Mekka für Segler mit dem größten Gästehafen des Landes.

SEHENSWERTES

Hauensuoli (»Hechtdarm«)
Seefahrer hinterließen im 16. bis 18. Jh. in einem »Gästebuch« auf Felsen eingeritzt über 600 Namen, Wappen und Handelszeichen. *Im Sommer mit M/S Marina vom Osthafen, sonst Taxiboot*

Wasserturm (Vesitorni)

Per Fahrstuhl geht es 50 m hoch zur Aussichtsterrasse. Von

MARCO POLO **Highlights**
»Küste und Inseln«

★ **Naantali**
Hübsche Holzvillen in romantischem Küstenstädtchen (Seite 49)

★ **Askola**
Riesige Gletschermühlen erinnern an Finnlands Entstehung in der Eiszeit (Seite 46)

★ **Hanko**
Ferienstadt mit viel Sandstrand und Finnlands größtem Gästehafen (Seite 41)

★ **Porvoo**
Schönes Ensemble von Lager- und Wohnhäusern aus Holz (Seite 45)

★ **Rauma**
Das größte geschlossene Holzhausgebiet der nordischen Länder (Seite 45)

★ **Tietomaa**
Faszinierende Technikausstellung in Oulu mit vielen Überraschungen (Seite 43)

hier haben Sie einen herrlichen Blick auf Schären und Holzvillen. Außerdem gibt es eine Touristeninformation. *Im Sommer 10–18 Uhr*

ESSEN & TRINKEN

Makasiini

Fischrestaurant im Osthafen mit Terrasse. Probieren Sie gratinierte Flunder! *Satamakatu, April–Sept., Tel. 019/248 40 60, €€–€€€*

park

Internetcafé im Kurpark gegenüber Kasino, gemütlicher Treff v. a. für junge Leute. *Appelgrenintie 11, Tel. 019/248 61 82, €*

ÜBERNACHTEN

Romantic Hotel Villa Maija

Schönes Holzhaus, 200 m zum Strand. Es werden viele Aktivitäten geboten, z.B. Klettern, Karts und Wasserjet. *11 Zi., Appelgrenintie 7, Tel. 019/248 29 00, €€*

Villa Doris

Holzhaus von 1881 mit Meerblick. *10 Zi., Appelgrenintie 23, Tel. 019/248 12 28, €–€€*

AUSKUNFT

Touristbüro

Raatihuoneentori 5, Tel. 019/220 34 11, Fax 220 32 61, April bis Sept. Mo–Fr 9–17, Okt.–März 8–16, Mitte Juni–Juli auch Sa/So 10–18 Uhr, www.hanko.fi

ZIELE IN DER UMGEBUNG

Insider Tipp
Eisenhütten (Ruukki)   [111 E6]

Eisenhütten- und Gutshofsmilieus sind typisch für die Südspitze Finnlands. Ausstellungen und Demonstrationen alter Handwerke versetzen die Besucher in *Pohja* (47 km) in den Eisenhüttendörfern *Fiskars* und *Billnäs* in eine andere Welt.

Tammisaari   [111 E6]

Der etwas größere Nachbar Hankos besticht mit einer verwinkelten Altstadt (zahlreiche Gebäude aus dem **Insider Tipp** 19. Jh.) und seiner beschaulichen Atmosphäre. Highlights: Ein Besuch der *Burg Raseborg* aus dem 14. Jh. (15 km vom Zentrum) und Ausflüge in den *Nationalpark Schärengarten* vor der Küste, eine Weite von 5000 ha.

OULU

[118 A–B 4–5] Finnlands größte Stadt am oberen Ende des Bottnischen Meerbusens (125 000 Ew.). Sie war schon früh ein Handelsplatz, vor allem für Teer. Nach einem Großbrand 1822 wurde die Stadt »modern« neu aufgebaut. Heute ist sie geprägt von Industrie, Universität, Hochtechnologie und Schifffahrt. Besucher zieht vor allem das Wissenschaftszentrum Tietomaa an.

SEHENSWERTES

Dom (Tuomiokirkko)

Einfache, strenge Formen prägen den Bau von Carl Ludwig Engel (1832). *Kirkkokatu, Ecke Linnankatu, Mo–Fr 12–13, Sommer tgl. 11–20 Uhr*

Marktplatz (Kauppatori) und Markthalle (Kauppahalli)

Der Marktplatz ist inzwischen komplett renoviert worden, die alten Lagerhäuser stehen jetzt am Strand.

Gut erhalten ist die schöne Jugendstilmarkthalle aus Ziegelsteinen.

Tietomaa

★ Nördlich der Stadt erwartet ein modernes Wissenschaftszentrum der Superlative neugierige Besucher. Das Beste: Man kann alles selbst ausprobieren und lernt so spielerisch Erstaunliches über Natur und Wissenschaft, auch für Kinder spannend. *Nahkatehtaankatu 6, Sept.–Feb. Mo–Fr 10–16, Sa/So bis 18 Uhr, März–Aug. tgl. 10–18 (Juli tgl. bis 20) Uhr, www.tietomaa.fi*

MUSEEN

Universitätsmuseen (Yliopiston museot)

Die Universität bietet freien Eintritt zu einem zoologischen und einem geologischen Museum sowie zum Botanischen Garten mit Treibhaus und Arboretum am Ufer des Sees Kuivasjärvi. Auch ein kleiner Zoo mit Bären und Hirschen ist angeschlossen *(nur im Sommer). Zoologisches Museum: Mo–Fr 8.30–15, So 11–15 Uhr; Geologisches Museum: So–Fr 11–15 Uhr; Botanischer Garten: Di–Fr 8–15, Sa/So 12–15 Uhr, Juni–Aug. Mo–Fr 8–16, Sa/So 10–16 Uhr (Linnanmaa)*

ESSEN & TRINKEN

Restaurantschiff Neptunus

Maritimes Ambiente in einem alten Segelschiff direkt am Marktplatz; es gibt auch Theateraufführungen. *Torinranta, Tel. 08/37 25 72, €€€*

Sokeri-Jussin Kievari

Finnische Delikatessen frisch vom Lande in rustikalem Ambiente. *Pikisaarentie 2, Tel. 08/37 66 28, €€*

Uusi Seurahuone

Nicht nur architektonisch ein Leckerbissen. *Rantakatu 4, Tel. 08/825 20 00, €€€*

ÜBERNACHTEN

Holiday Club Oulun Eden

Direkt am Meer; Campingplatz und Freizeitareal. *102 Zi., Nallikari, Tel. 08/550 41 00, Fax 554 41 03, www.holidayclub.fi, €€€*

Hotel Lasaretti

Im großen Park, praktisch im Flussdelta. *49 Zi., Kasarmintie 13, Tel. 08/884 83 00, Fax 884 83 01, www.merikoski.fi, €€*

AUSKUNFT

Städtische Touristeninformation

Torikatu 10, Tel. 08/55 84 13 30, Fax 55 84 17 11, Mo–Fr 9–16 Uhr; Juni–Ende Aug. Mo–Fr 9–18, Sa 10–15 Uhr, www.oulutourism.fi

ZIELE IN DER UMGEBUNG

Kalajoki [115 D2]

Kilometerlanger Sandstrand vor dem Ort mit Finnlands beliebtestem Campingplatz (140 km südwestl. von Oulu). Ein Wasserbus fährt zur Fischerinsel *Maakalla.*

Turkansaari-Freilichtmuseum (Turkansaaren ulkomuseo) [118 B5]

14 km vom Zentrum Oulus auf einer Insel gelegen; neben Holzhäusern steht hier eine Holzkirche von 1694. Viel Wissenswertes zur Teerproduktion. Zu erreichen auch mit dem Flussdampfer. *Turkansaarentie 165, Juni–Aug. tgl. 10–19 Uhr*

Häuserzeile in Rauma: Shopping in historischem Ambiente

PORI

[110 C3] Die Industrie- und Handelsstadt (77 000 Ew.) ist vor allem durch ihr jährliches Jazzfestival berühmt geworden. 1558 als Handelsstützpunkt an der Flussmündung gegründet, hat die Landhebung Pori jetzt 20 km landeinwärts verlegt. Nach einem Brand im Jahr 1852 wurde Pori neu aufgebaut.

SEHENSWERTES

Insel Kirjurinluoto
Kleine Flussinsel mitten in der Stadt mit Park, Spielplätzen und Strand. Hier findet im Juli das Pori Jazzfestival statt.

**Juselius-Mausoleum
(Juseliuksen mausoleumi)**
Ein Bergrat hat das Mausoleum 1902 für seine mit elf Jahren verstorbene Tochter errichten lassen. Die Fresken stammen im Original von Akseli Gallen-Kallela. *Friedhof Käppärä, Mai–Aug. tgl. 12–15 Uhr*

ESSEN & TRINKEN

Raatihuoneen Kellari
Bürgerliches Essen im Rathauskeller der Stadt. *Hallituskatu 9, Tel. 02/633 48 04, €€€*

Reposaari
Schöner Ausflug zum Abendessen; Fisch und Meeresfrüchte traditionell zubereitet. *Auf der Insel Reposaari, Tel. 02/638 40 44, €€*

Inside Tipp

ÜBERNACHTEN

Amado
Spezielle Angebote für Golfer. *51 Zi., Keskusaukio 2, Tel. 02/631 01 00, Fax 633 81 75, www.amado.fi, €€*

Ranta Kartano
Guter Ausgangspunkt für Naturerkundungen. *17 Zi., Isojoenrannantie 58, Tel. 02/639 39 00, € – €€*

AUSKUNFT

Tourist Information
Raatihuone (Rathaus), Hallituskatu 9A, Tel. 02/621 12 73, Fax 621 12 75, Mo–Fr 8–16, Juni–Aug. Mo–Fr 8–18, Sa 10–15 Uhr, www. pori.fi

ZIELE IN DER UMGEBUNG

Rauma   [110 C4]
★ In der drittältesten Stadt Finnlands, etwa 50 km südlich von Pori, erwartet Sie das größte zusammenhängende Holzhausviertel der nordischen Länder. Die 600 Häuser aus dem 18./19. Jh. gehören seit 1991 zum Unesco-Weltkulturerbe. Rauma ist berühmt für die Tradition des Spitzenklöppelns. Auskunft: *Valtakatu 2, Tel. 02/834 45 51, Fax 822 45 55, www.rauma.fi*

Reposaari   [110 B2]
Die Insel (32 km) bietet ein malerisches Fischerdorf, einen Hafen und hervorragende Fischrestaurants. Sehenswert: eine Kirche im norwegischen Stil, von norwegischen Seeleuten gestiftet. Campingplatz.

Yteri   [110 C3]
Die Landzunge vor Pori mit sauberen flachen Stränden verfügt über ein umfassendes Sport- und Freizeitangebot.

PORVOO

[112 B5] ★ Wer es irgendwie ermöglichen kann, sollte einen Abstecher nach Porvoo (46 000 Ew.) machen. Die Holzhausarchitektur ist – außer in Rauma – nirgendwo sonst in Finnland so komplett und schön erhalten wie in der zweitältesten Stadt des Landes (1346).

SEHENSWERTES

Dom (Tuomiokirkko)
Unübersehbar thront der Dom über der Stadt, ein einfaches, doch

Abendliche Idylle am Strand von Yteri, der ein beliebter Surfertreff ist

mächtiges gotisches Gebäude mit schönen Backsteinornamenten. Teile sind noch von einer früheren Kirche aus dem 14. Jh. erhalten.

Holzhäuser

Am Fluss zieht sich eine ganze Reihe malerischer Lagerhäuser aus Holz entlang. Hinter der Brücke führt eine steile Straße direkt in die Altstadt, die ihr mittelalterliches Gepräge bewahrt hat. Kleine Holzhäuser, holprige Gassen, hübsche Hinterhöfe, darin kunsthandwerkliche Läden, Galerien und Cafés.

MUSEEN

Porvoo-Museum (Porvoon museo)

Das *Historische Museum* verrät alles über die bewegte Geschichte der Stadt, im *Edelfelt-Vallgren-Museum* sind Werke des bedeutenden Malers und Sohns der Stadt Albert Edelfelt und des Bildhauers Ville Vallgren zu sehen. *Im alten Rathaus, Mai–Aug. tgl. 10–16, Sept.–April Mi–So 12–16 Uhr*

Runebergs Wohnhaus (Runebergin koti)

Das älteste Wohnungsmuseum Finnlands (1882) war Domizil des Nationaldichters Johan Ludvig Runeberg. Übrigens: An Runeberg erinnern in der Stadt die leckeren Runeberg-Törtchen. Unbedingt probieren! *Sept.–April Mi–Sa 10–16, So 11–17, Mai–Aug. Mo–Sa 10–16 Uhr*

ESSEN & TRINKEN

Hanna Maria

Familienfreundlich, preiswerter Mittagstisch. *Välikatu 6, Tel. 019/58 32 00,* €

Wanha Laamanni

Feines Speisen in gustavianischem Ambiente. *Vuorikatu 17, Tel. 019/523 04 55,* €€€

ÜBERNACHTEN

Hotelli Haikon Kartano

Gutshof südwestlich vor der Stadt; komfortables Wellnesshotel. *242 Zi., Haikkoontie 136, Tel. 019/ 576 01, Fax 576 03 99, www. haikko.fi,* €€€

Porvoo Familienhostel

Preisgünstige und gemütliche Übernachtungsmöglichkeit. *10 Zi., Linnankoskenkatu 1–3, Tel./Fax 019/523 00 12, www.porvoohostel.cjb.net,* €

AUSKUNFT

Städtisches Touristenbüro

Rihkamakatu 4, Tel. 019/520 23 16, Fax 520 23 17, Mo–Fr 9.30–16.30, Sa 10–14, Juli/Aug. 10–18, Sa/So 10–16 Uhr, www.porvoo.fi
Im Sommer auch Infobüro am Hafen. *Juni–Anf. Aug. tgl. 11–17 Uhr*

ZIELE IN DER UMGEBUNG

Askola [112 B4]

★ Im Teilort Korttia (15 km nördlich) finden sich eiszeitliche Gletschermühlen, runde Höhlungen, die im Gletscherwasser mitgeführte Steine in den Fels geschliffen haben. Die größte hat einen Durchmesser von 4,2 m und ist 10,3 m tief.

Loviisa [112 B4]

Loviisa (38 km) wurde 1745 als Grenzstadt von Schweden zu Russland gegründet, um das alte Gut Degerby herum (1662), heute ein

Wahrzeichen Turkus ist die Burg, die großteils aus dem 16. Jh. stammt

historisch eingerichtetes Restaurant *(Degerby Gille, Sepänkuja 4, Tel. 019/53 15 29, €€€)*. Empfehlenswert: Ein Ausflug mit der Fähre zur Inselfestung *Svartholm (Sommer tgl. 10–18 Uhr)*. Auskunft: *Mannerheiminkatu 4, Tel. 019/55 52 34, Fax 53 23 22, www.loviisa.fi*

TURKU

[110–111 C–D5] Keiner weiß genau, wie alt die älteste Stadt Finnlands ist. So gilt die Erhebung zum Bischofssitz 1229 als Geburtsstunde Turkus. Mit 175 000 Ew. ist sie die fünftgrößte Stadt des Landes. 1640 wurde eine Universität gegründet. Bis 1812 war Turku Hauptstadt Finnlands. Von hier gehen Fährverbindungen nach Schweden und zu den Ålandinseln.

SEHENSWERTES

Burg (Turun linna)
Im Hafen, an der Mündung des Aurajoki, liegt die Burg, die größte Se-

henswürdigkeit Turkus (älteste Teile 1280). Das Historische Museum in der Burg zeigt eine umfassende kulturhistorische Sammlung (Trachten, Porzellan etc.). *Mitte April bis Mitte Sept. tgl. 10–18 Uhr, Mitte Sept.–Mitte April Di–So 10–15 Uhr*

Dom (Tuomiokirkko)
Der spätromanische Backsteinbau (1300 geweiht) ist die Hauptkirche der lutherischen Landeskirche.

Museumsschiffe
Die »Suomen Joutsen«, 1902 gebaut, war lange Jahre als Salpeterfrachter zwischen Südamerika und Europa unterwegs. Daneben der Minensucher »Keihäsalmi«. Der Dreimaster »Sigyn« (1887) ist weiter flussabwärts festgemacht. *Puistokatu, unterhalb Martinsbrücke*

MUSEEN

Aboa Vetus/Ars Nova
Ein kontrastvolles Doppelmuseum am Ufer des Aurojoki. *Aboa Vetus*

Vergangenen Zeiten können Sie im Handwerksmuseum nachspüren

zeigt 7 m unter der Erde mittelalterliche Gewölbe. *Ars Nova* stellt zeitgenössische Kunst aus. *Itäinen Rantakatu 4–6, Anfang Mai–Mitte Sept. tgl. 11–19, sonst Do–So 11–19 Uhr, www.aboavetusarsnova.fi*

Forum Marinum
Das Museum und Zentrum für Meeresforschung präsentiert anschaulich spannende Geschichten von Handelsseefahrt und Marine. *Linnankatu 72, Sept.–April Di–So 10–18, Mai–Aug. tgl. 11–19 Uhr, www.forum-marinum.fi*

Insider Tipp Handwerksmuseum (Luostarinmäen käsityöläismuseo)
Anhand von 30 Werkstätten sehen Sie, wie Handwerker um 1800 gearbeitet haben, z. T. mit Vorführun-

gen. Das Museum ist international ausgezeichnet worden. *Luostarinmäki, Mitte April–Mitte Sept. tgl. 10–18, sonst Di–So 10–15 Uhr*

ESSEN & TRINKEN

Brahen kellari
Kellerlokal mit seltenen finnischen Wildgerichten (Bär, Biber). *Puolalankatu 1, Tel. 02/232 54 00, €€*

Enkeliravintola   Insider Tipp
Egal, was Sie bestellen: In wunderbar künstlerisch-kitschiger Atmosphäre schmeckt's einfach himmlisch im »Engelrestaurant«. *Kauppiaskatu 16, Tel. 02/231 90 88, €€*

Suomalainen Pohja
Die täglich wechselnde kleine Karte spricht für Qualität; schöner Blick über Park und Stadt. *Aurakatu 24, Tel. 02/251 20 00, € – €€*

ÜBERNACHTEN

Centro Hotel
Zentral, ruhig, tolles Frühstücksbüfett. *70 Zi., Yliopistonkatu 12a, Tel. 02/469 04 69, Fax 469 04 79, www.centrohotel.com, €€*

Park Hotel
Kleines Jugendstilhaus von 1902 mit antiken Möbeln eingerichtet. *21 Zi., Rauhankatu 1, Tel. 02/273 25 55, Fax 251 96 96, www.parkhotelturku.fi, €€–€€€*

AUSKUNFT

Tourist Information
Aurakatu 4, Tel. 02/262 74 44, Fax 262 76 74, Mo–Fr 8.30–18, Sa/So 9–16, Okt.–März 10–15 Uhr, www.turkutouring.fi

ZIELE IN DER UMGEBUNG

Naantali [110 C5]

⭐ Ein Kleinod von mittelalterlichem Städtchen mit hübschen Holzhäusern (17 km westlich von Turku). Naantali ist seit langem als Kurort und Sommerfrische beliebt. Erwachsene erholen sich gern im *Naantali Spa*, während es die Kinder auf die *Insel Kailo* in die Muminwelt zieht, zu den bekannten Märchenfiguren von Tove Jansson.

Ruissalo [110 C5]

Die Insel mit Naherholungsgebiet (800 ha), nur 5 km von Turku entfernt, ist ideal zum Baden, Campen, Wandern, Radfahren. Zur Sache geht es beim jährlichen Ruisrock-Festival im Juli. *Bus 8 vom Marktplatz*

Schären-Rundfahrten [110 C5]

Die vielen Inseln bzw. Schären vor Turku sind durch Brücken und Fähren auch für Autofahrer gut erschlossen. Schöner sind allerdings die Bootfahrten vom Fluss Aurajoki aus; Auskunft bei der Tourist Information und bei *Åbolands Turistförening, Runebergsstrand 6, Pargas, Tel. 02/458 59 42, Fax 458 59 33, www.saaristo.org*

VAASA

[114 B5] An der engsten Stelle des Bottnischen Meerbusens entstand die Stadt Vaasa. Nach einem Großbrand 1852 wurde Vaasa direkt an der Küste wieder aufgebaut und ist heute eine betriebsame Hafen- und Industriestadt (57 000 Ew.) mit interessanten Museen und guter ostrobottnischer Küche. Fährverbindungen nach Schweden.

MUSEEN

Ostrobothnia Museum (Pohjanmaan museo)

Sammlung zur Stadtgeschichte von Vaasa (Modell von Alt-Vaasa) und zur regionalen Kultur. *Museokatu 3, tgl. 10–17, Mi bis 20 Uhr*

Stundars Handwerkerdorf (Käsityöläiskylä Stundars)

Das 1965 eröffnete Künstlerdorf besteht aus 60 Gebäuden, darunter ein Bauernhof aus dem 18./19. Jh. und zahlreiche Werkstätten. *Mitte Mai–Mitte Aug. tgl. 12–18 Uhr*

Tikanoja Museum (Tikanojan taidekoti)

Werke finnischer und anderer europäischer Künstler des 19./20. Jhs., u. a. von Pablo Picasso und Paul Gauguin. *Hovioikeudenpuistikko 4, Di–Sa 11–16, So 12–17 Uhr*

ESSEN & TRINKEN

Lounasravintola – Kahvila Bertels Panorama

Aussichtscafé, auch Lunch. *Vaasanpuistikko 16, Tel. 06/317 41 63,* €

ÜBERNACHTEN

Sokos Hotel Vaakuna Vaasa

Modernes Haus in der Nähe des Marktplatzes. *139 Zi., Rewell Center 101, Tel. 06/212 41 11, Fax 312 71 75, www.sokoshotels.fi,* €€

AUSKUNFT

Städtisches Touristenbüro

Kaupungintalo (Stadthaus), Tel. 06/ 325 11 45, Fax 325 36 20, Mo–Fr 8–16, Juni–Aug. bis 18 und Sa/So 10–18 Uhr, www.vaasa.com

Blau und grün – wie auf der Landkarte

Rund um den Saimaa und andere Seen warten Tausende Sommerhäuschen auf Entspannung suchende Urlauber

Viele Gäste verbringen zumindest einen Teil ihrer Ferien in der Seenregion. Sie wollen einen Urlaub machen, der typisch finnisch ist: Nichtstun in einem kleinen Holzhaus im Wald, an einem See. Jeder, der diese Art vollkommener Erholung schon genossen hat, schwärmt davon. Das Geheimnis: die Nähe der Natur, die absolute Ruhe. Endlich können Sie ganze Bücherstapel lesen, Ihr Trinkwasser direkt aus einem See schöpfen, ausprobieren, was man aus frischen Fischen, Pilzen und Beeren für tolle Gerichte zaubern kann. Rudern, angeln, radeln – dafür bietet das Seengebiet die ideale Kulisse. In fast jedem Dorf findet sich ein kleiner Hafen mit Bootsverleih. Abwechslung bieten Ausflüge in die nächste Stadt oder über Land. Opernfestspiele, Volksfeste, Museen, Holzkirchen und Nationalparks erwarten Sie. Wie wäre es zum Beispiel mit einer Reise entlang der »Grünen Kulturstraße« von Mäntyharju über Mikkeli und Savonlinna nach Punkaharju (Infos bei den Tourismuszentralen)? So lernen Sie die Region von allen Seiten kennen.

Im Saimaa-Seengebiet

Saunieren ist auch für die Kleinen ein großer Spaß

JYVÄSKYLÄ

[116 A6] Die Hauptstadt Mittelfinnlands hat ein städtisches junges Gesicht. Über ein Drittel der 81 000 Einwohner sind Studenten oder Schüler. Freunde moderner finnischer Architektur finden in Jyväskylä gleich 30 Gebäude des Meisters Alvar Aalto, der mit seiner Handschrift das Stadtbild geprägt hat.

Eine große Rolle spielt hier auch der Sport. Am Ausläufer des zweitgrößten, aber längsten und tiefsten finnischen Sees, des *Päijänne,* gelegen, ist Jyväskylä natürlich ein hervorragender Ort für Wassersport aller Art. Neben großen Motorbootrennen ist die Stadt auch bekannt für internationale Rallyes.

Möbelklassiker und mehr im Alvar-Aalto-Museum von Jyväskylä

SEHENSWERTES

Gebäude von Alvar Aalto

Das Verwaltungs- und Kulturzentrum der Stadt, das Arbeiterhaus und das Stadttheater stammen von Alvar Aalto. Vor allem aber die Gebäude der Universität (1952–1956) zeigen die Aalto-typischen Materialien Ziegel, Holz und Glas. In Jyväskylä verbrachte Aalto seine Jugend und eröffnete 1923 sein erstes Büro. Ein Verzeichnis der Gebäude Aaltos bekommen Sie beim regionalen Fremdenverkehrsdienst.

Harju

»Landrücken« nennen die Einheimischen einen kleinen Park mit Spazierwegen, von dessen Wasserturm (Restaurant) Sie eine schöne Aussicht auf Stadt und See haben. *Nördl. der Yliopistonkatu*

Viherlandia

Finnlands größtes Gartencenter mit Restaurant und Hackman-Fabrikshop. *Kuokkalantie 4, Bus 14, Mitte*

Mai–Ende Aug. Mo–Sa 10 bis 18 Uhr, Eintritt frei

MUSEEN

Alvar-Aalto-Museum

★ Es enthält neben Skizzen, Fotos und Modellen von Aaltos Werken auch Möbel und andere Gegenstände, die der Allroundkünstler entworfen hat. Das Museum ist nach seinen Plänen gebaut worden. *Alvar Aallonkatu 7, Di–So 11–18 Uhr, Fr freier Eintritt, www.alvaraalto.fi*

Museum für Handwerk und Kunstgewerbe Finnlands (Suomen käsityön museo)

Zusammen mit dem Trachtenzentrum Finnland und gutem Museumsladen. *Kauppakatu 25, Di–So 11–18 Uhr*

Museum Mittelfinnlands (Keski-Suomen museo)

Alles über die Geschichte dieser Region, außerdem zu sehen die Einrichtungen von Handwerkerkaten und Arbeiterwohnungen. *Alvar Aallonkatu 7, Di–So 11–18 Uhr, Fr freier Eintritt*

ESSEN & TRINKEN

Ravintola Alba

◀▶ Das Essen genießen und die schöne Aussicht auf den See Jyväsjärvi. *Ahlmaninkatu 4, Tel. 014/63 63 11, €–€€*

EINKAUFEN

Markt

Der Markt mit Spezialitäten und traditionellem Handwerk (unterhalb des *Harju*, neben dem Busbahnhof) findet *Mo–Sa 7–14 Uhr* statt; Markthalle *Mo–Do 8–15* und *Sa 8–14 Uhr*.

ÜBERNACHTEN

Alba

Direkt am Ufer des Sees Jyväsjärvi, mit Blick auf den Hafen. *104 Zi., Ahlmaninkatu 4, Tel. 014/63 63 11, Fax 63 63 00, www.hotellialba.fi, €€*

Amis

Preiswertes Sommerhotel (nur Juni–Mitte Aug.) am Harju-Park. *98 Zi., Sepänkatu 3, Tel. 014/443 01 00, Fax 443 01 21, €*

Sokos Hotel Alexandra

Direkt beim Bahnhof, einige Zimmer haben eine eigene Sauna. *232 Zi., Hannikaisenkatu 35, Tel. 014/65 12 11, Fax 65 12 00, www.sokoshotels.fi, €€–€€€*

AUSKUNFT

Regionaler Fremdenverkehrsdienst

Asemakatu 6, Tel. 014/62 49 03, Fax 21 43 93, Mo–Fr 9–17, Sa 10–15, Mitte Juni–Ende Aug. Mo–Fr 9–18, Sa/So 10–15 Uhr, www.jyvaskylanseutu.fi

MARCO POLO Highlights
»Seenfinnland«

★ **Punkaharju**
Ein Stück Bilderbuchfinnland und ein spektakuläres Kunstmuseum (Seite 64)

★ **Silberlinie (Hopealinja) und Dichterweg (Runoilijan tie)**
Schiffsausflüge durch herrliche Landschaft (Seite 67)

★ **Uusi-Valamo**
Das Kloster bietet Einblicke in Leben und Glauben der Orthodoxie (Seite 57)

★ **Alvar-Aalto-Museum**
Umfassende Werkschau des bekanntesten finnischen Architekten in Jyväskylä (Seite 52)

★ **Opernfestival**
Im Sommer wird die Burg Savonlinna zur großartigen Opernkulisse (Seite 62)

★ **Stromschnellen**
Imatra: Schauspiel von ungebändigter Wasserkraft, musikalisch untermalt (Seite 60)

Heinola [112 B3]

Die Kleinstadt Heinola (21 000 Ew., 130 km) nennt die größte Pappel Finnlands *(Populus Petrowskiana)* ihr Eigen; sie steht im Flusspark, der das Zentrum vom Fluss Kymi trennt. Sehenswert sind das *Stadtmuseum* und ◀▶ die *Aussicht vom Wasserturm* (Café und Orchideenausstellung). Übernachten können Sie im *Kumpeli (120 Zi., Muonamiehenkatu 3, Tel. 03/715 82 14, Fax 715 88 99, €€)*, gut essen im ◀▶ *Harjupaviljonki (Heinolan Harju, Tel. 03/715 20 68, €€, Ende April–Anfang Sept.)*. Auskunft: *Heinola Info, Kauppakatu 12, Tel. 03/849 36 15, Fax 849 33 91*

Holzkirchen [115 E6]

Zwei zentralfinnische Holzkirchen sind westlich von Jyväskylä zu sehen: eine in *Keuruu* (60 km), die andere in *Petäjävesi* (32 km).

Joutsa [112 A–B1]

Das Bauernhofmuseum (*Vaihelan tilan kotimuseo*, 69 km) zeigt u. a. ein Rauchhaus. In dem Wohnhaus ohne Fenster und Schornstein wurde Feuer gemacht und im Rauch geschlafen. Eine Holzkirche im Ort datiert von 1813.

Luftfahrtmuseum Mittelfinnlands (Keski-Suomen Ilmailumuseo) [116 A6]

Umfangreiche Sammlung alter Flugzeuge (18 km). *Tikkakoski, Tel. 014/375 21 25, tgl. 11–17 Uhr, Anf. Juni–Mitte Aug. 10–20 Uhr*

Mikkeli [112 C1]

Der Bischofssitz (*Mikkeli* = St. Michael) hat heute 46 500 Ew. und ist Hauptstadt der Provinz Ostfinnland, obwohl Mikkeli (116 km) erst 1838 zur Stadt erhoben wurde. Während dreier Kriege befand sich hier Marschall Mannerheims Hauptquartier. Entsprechend sind ihm mehrere Museen gewidmet: das *Nachrichtenzentrum Lokki*, das *Hauptquartiermuseum* und sein *Salonwagen*. Sehenswert sind außerdem der *Naisvuori* (Frauenberg) mit Aussichtsturm und Freilichtbühne, der *Dom* im Park Ristimäki und das älteste erhaltene Gebäude in Savo, die kleine *Steinsakristei*. Im Stadtgebiet (Pursiala) eine *Gletschermühle* mit 8 m tiefem Kessel. Ein besonderer Ausflug führt zum alten *Pfarrhof Kenkävero (Pursialankatu 6)*. Ländliche Idylle, herrliche Gärten, geschmackvolles Kunsthandwerk und gutes Restaurant.

Mikkeli hat einen bunten Markt, auf dem man oft Roma in prächtiger Kleidung sieht. Unterkunft finden Sie im *Sokos Hotel Vaakuna (114 Zi., Porrassalmenkatu 9, Tel. 015/202 01, Fax 202 04 21, €€€)* und im *Annilan Kartano (am Golfplatz, 12 Zi., Porrassalmentie 19, Tel. 015/33 55 25, Fax 33 55 18, €€)*. Gutshofatmosphäre erwartet Sie im *Tertin Kartano (Straße 5 Richtung Varkaus, Tel. 015/17 60 12, €€)*. Gemütlich ist das Familienlokal *Ravintola Puhvetti (beim Marktplatz, Tel. 015/355 22 61, €)*. Auskunft: *Mikkelin Matkailu Oy, Porrassalmenkatu 15, Tel. 015/194 39 00, Fax 15 16 25, Mo–Fr 9–16.30, Juni–Mitte Aug. bis 17.30 und Sa 9–14 Uhr, www.travel.mikkeli.fi*

Muurame [112 A1]

»Historisch« schwitzen können Sie in einer der 30 Saunen des *Sauna-*

Kaurismäkis Finnland

Schräger Blick auf das eigene Land

Mika und Aki Kaurismäki gehören zu den renommiertesten finnischen Filmemachern. Vor allem Aki hat mit seinen Geschichten das Finnlandbild in den Köpfen vieler geprägt. Seine Vorliebe gilt Protagonisten am Rande der Gesellschaft, Außenseitern. Gerade diese erweisen sich oft als beseelt mit menschlicher Größe. Akis Filme kommen ruhig daher, wenig Dialog, dafür gewichtige Blicke und Gesten – wer beherrscht sie besser als Kati Outinen und Matti Pellonpää. Tröstliche Melancholie liegt in der Luft. Skurril oft die Situationen und die Komik. Man denke an die Leningrad Cowboys. Selbst beißende Kritik an Missständen in Finnland gerät doch immer auch zur Liebeserklärung an seine Heimat. Neugierde auf dieses *Suomi* weckt Aki allemal.

museums Muurame 15 km südlich von Jyväskylä. Die ganze Tradition finnischer Saunen wird hier auf einen Blick dargestellt. *Juni–Aug. Di–So 10–18 Uhr*

Insider Tipp
Nationalpark Pyhä-Häkki [115 F4]
An der Straße Nr. 13 liegt 80 km nordwestlich von Jyväskylä die Stadt Saarijärvi. Von dort nordöstlich abzweigen Richtung Häkkilä. Nach ca. 10 km sind Sie im Nationalpark, einem uralten Naturwald mit Fichten und betagten Kiefern. Markierte Wege (3 km und 6 km; bitte nicht verlassen!) führen vorbei an Teichen und Mooren.

KUOPIO

[116 C4] Obwohl Kuopio (87 800 Ew.) schon im 17. Jh. gegründet wurde und bereits 1782 vom schwedischen König Gustav III. die Stadtrechte erhielt, hat es ein eher modernes Gesicht, ist Provinz-hauptstadt und Bischofssitz. Es verwundert zunächst, dass eine Stadt im Landesinneren so groß ist, doch die Kombination aus Verwaltungszentrum, Verkehrs- und Handelsknotenpunkt in günstiger Lage (Seenschifffahrt) sowie einer Universität und vielen Touristen machen Kuopios wirtschaftliche Stärke aus. Das erklärt auch, warum viele der alten Holzhäuser weichen und im Zentrum neueren Gebäuden Platz machen mussten. Einen Eindruck von Alt-Kuopio bekommen Sie im Freilichtmuseum.

SEHENSWERTES

Botanischer Garten (Marikko)
Der Botanische Garten erstreckt sich hinter der Universität, direkt an einer Seitenbucht des Kallavesi-Sees. *Mo–Fr 8–15, Okt.–April 10–15 Uhr*

Marktplatz (Kauppatori)
Zur Marktzeit sollten Sie unbedingt einmal über den großen Platz

in der Stadtmitte schlendern. Die Märkte in finnischen Städten haben eine große Bedeutung; viel Landbevölkerung kommt zum Einkaufen, da nicht nur Lebensmittel angeboten werden. In Kuopio werden Sie den legendären *Kalakukko* (Fisch und Fleisch im Brotteig) finden, denn hier steht die Wiege dieser finnischen Erfindung. Wenn die Stände abgebaut sind, verwandelt sich der Markt in einen 🏃 Treffpunkt für Jugendliche und Studenten. Einen Abendmarkt gibt es übrigens im Passagierhafen östlich der Stadtmitte. Gleich neben dem Marktplatz steht eine schöne Jugendstilhalle. *Markt: Mo–Fr 7 bis 15, Sa 7–14, im Sommer Mo–Fr bis 17, Sa 7–15 Uhr; Markthalle: Mo–Fr 8–17, Sa bis 15 Uhr.* Gut zum Einkaufen auch die Passage *Pikku Pietari* (Puistokatu) und das *Weingut Alahovi* (Insel Vaajasalo).

Puijo

🔼 Puijo heißt ein Berg nördlich von Kuopio. Diese Seltenheit in der flachen süd- und mittelfinnischen Landschaft wird gleich mehrfach genutzt; am bekanntesten ist sicherlich der Aussichtsturm *(75 m, Mo–Sa 9–20, So 9–17, Juni–Aug. tgl. bis 22 Uhr).* Von ihm haben Sie eine fantastische Sicht über die typische Seenlandschaft, am besten zum Sonnenuntergang. Im Winter bietet der Berg Abfahrts- und Langlaufmöglichkeiten sowie Sprungschanzen, teils Sommerbetrieb.

MUSEEN

Freilichtmuseum Alt Kuopio (Kuopion korttelimuseo)

Da viele der alten Holzhäuser Kuopios neuen Gebäuden weichen mussten, hat man einen Häuserblock der alten Architektur stehen lassen. Hier bekommen Sie einen Eindruck des alten Stadtbildes. Einige Häuser stammen noch aus dem 18. Jh. Führungen, spannende Geschichten, im Sommer lebendiges Handwerk. *Kirkkokatu 22, Di–Fr 10–15, Sa/So 11–16, Mitte Mai bis Mitte Sept. tgl. 10–17, Mi bis 19 Uhr*

Kuopio Museum (Kuopion museo)

Natur- und kulturhistorische Abteilungen. Besonders interessant die Tiere Finnlands und Skandinaviens sowie eine geologische Sammlung. *Kauppakatu 23, Mo–Sa 9–16, Mi bis 20, So 11–18 Uhr, winters Sa geschl.*

Orthodoxes Kirchenmuseum (Suomen ortodoksinen kirkkomuseo)

Man verlässt das Zentrum nordwestlich und findet das Museum gleich nach der Eisenbahnüberführung. Es enthält eine in Westeuropa einmalige Sammlung von Kirchenschätzen (Ikonostasen, liturgische Textilien). *Karjalankatu 1, Mai–Aug. Di–So 10–16, sonst Mo–Fr 12–15, Sa/So 12–17 Uhr*

ESSEN & TRINKEN

Isä Camillo

Genießen in ehemaligen Bankgewölben. Guter Service. *Kauppakatu 25–27, Tel. 017/581 04 50, €€*

Puijon Torniravintola

🔼 In dem Drehrestaurant im Aussichtsturm kann man bei herrlicher Aussicht genussvoll speisen. *Puijo, Tel. 017/255 51 11, €€– €€€*

Kuopion Keskustahotelli

Gut und preiswert. Direkt am Markt, mitten im Herzen der Stadt gelegenes Haus. *24 Zi., Haapaniemenkatu 20, Tel. 017/261 88 00,* €€

Hotel-Spa und Hostel Rauhalahti

Beim Campingplatz Rauhalahti auf einer Halbinsel im Kallevesi-See gelegen, Badestrand gleich daneben. *170 Zi., Katiskaniementie 8, Tel. 017/47 34 73, Fax 47 31 11, www. rauhalahti.com,* €€

Kuopio Tourist Service

Haapaniemenkatu 17, Tel. 017/ 18 25 84, Fax 261 35 38, Mo–Fr 9.30–16.30, Juni–Aug. bis 18 Uhr, www.kuopioinfo.fi

Heinävesi   [117 D5]

Heinävesi 174 km südöstlich von Kuopio ist bekannt als Ausgangspunkt für Besuche in die nahe gelegenen orthodoxen Klöster ★ *Uusi-Valamo* (Mönche) und *Lintula* (Nonnen) bei Palokki (siehe Kapitel »Ausflüge & Touren«). Im Juli führt eine Schifffahrtslinie zwischen beiden Klöstern durch die schleusenreiche Verbindung zwischen den Seen Suvasvesi und Juojärvi. Strahlendes Weiß, goldene Kuppeln, orthodoxe Gottesdienste, Ruhe, herrliche Natur, russische Teestunde – wunderbar! Unterkünfte: *Gasthaus Heinävesi, 26 Zi., Askeltie 2, Tel. 017/56 24 11, Fax 56 24 61,* €€; *Valamon Luostari Hotelli (beim*

Das Kloster von Uusi-Valamo gehört der Finnisch-Orthodoxen Kirche an

Kloster Valamo), 29 Zi., Valamontie 42, Uusi-Valamo, Tel. 017/ 57 01 11, Fax 570 15 04, €–€€. Wer gut essen möchte, geht ins *Trapesa (Tel. 017/57 01 11,* €€*)* beim Kloster Valamo. Auskunft: *Heinävesi Tourist Information, Kermanrannantie 7, Tel. 017/578 12 73, Fax 578 12 80*

Iisalmi   [116 B3]

Iisalmi, die nördlichste Stadt (22 800 Ew.) des Saimaa-Seengebiets 84 km von Kupio entfernt, besticht durch das *Karelisch-ortho-doxe Kulturzentrum Evakko* mit Museum, Restaurant (herrliche Glasfenster und Malereien) und Herberge für das müde Haupt *(Artos, 28 Zi., Kyllinkatu 8, Tel. 017/81 22 44, €–€€)*. Weiter das schön gelegene *Juhani-Aho-Museum* zu Wohnen und Leben des Schriftstellers sowie ein *Brauereimuseum*. Ein Unikum ist das **kleinste Restaurant** der Welt: Es misst 3,6 m^2, hat zwei Sitzplätze und eine Terrasse. Auskunft: *Iisalmi Tourist Service, Kauppakatu 22, Tel. 017/272 33 91, Fax 82 67 60*

Insider Tipp

Pieksämäki   [116 B–C6]
In der 113 km südlich gelegenen Stadt lohnen einen Abstecher das *Puppenmuseum* und das *Eisenbahnmuseum*, ↘ die Aussichtsplattform des *Wasserturms*, das *Kulturzentrum Poleeni* und das *Café Pieksäntalo* in einem alten Holzhaus. Zum Übernachten und zum Essen bietet sich *Savonsolmu (98 Zi., Toikantie 9, Tel. 015/223 50, Fax 223 54 00, €€)* an. Auskunft: *im Kulturzentrum Poleeni, Savontie 13, Tel. 015/788 24 35, Fax 788 29 10*

Rauhalahti   [116 C4]
Nur 5 km südlich liegt das Touristenzentrum Rauhalahti. In einem alten Herrenhaus werden Kunsthandwerksausstellungen organisiert. Angeschlossen sind ein Hotel mit tropischem Bad *(Sininen laguuni)* und ein Campingplatz.

Schiffsausflüge   [116 C4]
Vom Hafen Kuopios aus können Sie zahlreiche Schiffsausflüge machen, auf einem alten Dampfschiff oder im modernen Boot. Einer der schönsten Ausflüge ist im Sommer die 12-stündige Fahrt über das Seenlabyrinth, durch die alten Kanäle und Schleusen der Heinävesi-Route mit der **M/S Puijo** (Übernachtungsmöglichkeit) von Kuopio nach Savonlinna.

Insider Tipp

Varkaus   [116 C5]
75 km südlich von Kuopio gelegen, ist Varkaus mit 23 000 Ew. ein wichtiges Industriezentrum (Holzverarbeitung, Maschinenbau und Elektronik). Sehenswert ist der ↘ *Wasserturm* mit seiner Aussichtsplattform, der gleichzeitig Wohnhaus ist. In der *Stadtkirche* finden Sie das größte Altarfresko Finnlands mit einer Gesamtfläche von 240 m^2. Originell ist auch das *Museum für mechanische Musik* mit seinen 200 Musikautomaten – bis hin zum Orchestrion, das eine 75-köpfige Kapelle imitiert. Unterkunft: *KeskusHotelli (52 Zi., Kauppatori 4, Tel. 017/57 90 11, Fax 579 05 00, €€)*.

Insider Tipp

[113 D2–3] Lappeenranta (58 700 Ew.), auch »Stadt der Linden« genannt (1800 Linden säumen die Straßen) wurde bereits 1649 von Königin Christina von Schweden gegründet. Doch aus dieser Zeit finden sich keine Gebäude mehr, da der Ort 1741 von den Russen zerstört wurde. Sie wollten den wichtigen Hafen am Südende des großen Saimaa-Sees ausschalten, über den Lappeenranta mit dem ganzen Umland des riesigen Wassergebietes verknüpft ist. Seit 1856 verbindet der heute 43 km lange Saimaa-Kanal Lappeenranta mit der Ostsee;

Die Abendstimmung in der Seenregion verzaubert nicht nur Romantiker

so ist die Stadt der wichtigste Binnenhafen Finnlands. Lappeenranta liegt dicht an der Grenze zu Russland, eine Straßen- und eine Eisenbahnlinie überschreiten dort die Grenze, ebenso wie der Saimaa-Kanal, der durch russisches Gebiet führt, ehe er die Ostsee erreicht. Der Kanal ist 1968 von der damaligen UdSSR wieder an Finnland verpachtet worden. Vieles deutet auf die Nähe zu Russland: Die Kultur des Landstrichs Südkarelien unterscheidet sich deutlich von der anderer finnischer Provinzen. Auch hat die orthodoxe Kirche hier großen Einfluss.

SEHENSWERTES

Festung (Linnoitus)

Der älteste Teil der Stadt, *Linnoitus,* liegt auf der Halbinsel *Linnoitusniemi* (schöne Spazierwege mit Blick auf den Hafen). Hier findet sich eine Festung aus dem 18. Jh. mit z. T. rekonstruierten Wällen. Innerhalb der Festung steht die älteste orthodoxe Kirche Finnlands (1785). Außerdem sehenswert: das Südkarelische und das Kunstmuseum sowie kunsthandwerkliche Aktivitäten auf der Festung.

Lappee-Kirche (Lappeen kirkko)

Im Zentralpark steht die Holzkirche von 1794. Sie wurde als so genannte Doppelkreuzkirche erbaut. *Ecke Valtakatu / Kirkkokatu*

Rathaus (Raatihuone)

Eines der wenigen hölzernen Rathäuser, die bis in unsere Tage in Benutzung waren. Mit seinem charakteristischen Uhrturm ist es zum Wahrzeichen Lappeenrantas geworden. Es wurde 1829 nach Plänen von C. L. Engel gebaut. *Ecke Kauppakatu / Raastuvankatu*

MUSEEN

Handwerksmuseum (L. Korpikaivo-Tammisen käsityömuseo)

Im Museum werden verschiedene lokale Handwerksprodukte gezeigt.

Kantokatu 1, östlich vom Stadion, Juni–Aug. tgl. 11–16, Sept.–Mai Di–Do 11–15, Sa/So 11–17 Uhr

Hausmuseum Wolkoff (Wolkoffin talomuseo)

Wohnhaus (1826) einer reichen orthodoxen Kaufmannsfamilie. *Kauppakatu 26, Juni–Aug. Mo–Fr 10–18, Sa und So 11–17 Uhr, Sept.–Mai Fr–So 11–17 Uhr*

Südkarelisches Museum (Etelä-Karjalan museo)

Untergebracht in einem Speicherhaus der Festung, zeigt es die Kulturgeschichte Südkareliens, Wissenswertes über die Bewohner dieses Landstrichs, Trachten, kirchliche Kunstschätze, Waffen und die Stadtgeschichte. *Kristiinankatu, Juni bis Aug. Mo–Fr 10–18, Sa/So 11–17, Sept.–Mai Di–So 11–17 Uhr*

ESSEN & TRINKEN

Kahvila Majurska

Nostalgisches Café auf Linnoitus, wo sich einst die jungen Offiziere mit ihren Herzdamen trafen. Üppiges Kuchenbufett. *Tel. 05/453 05 54*

Prinsessa Armaada

↘↗ Vom Restaurantschiff im Hafen bietet sich eine schöne Aussicht über den Saimaa-See. Fisch- und Hähnchengerichte. *Passagierhafen, Tel. 05/451 33 76, €*

ÜBERNACHTEN

Cumulus Lappeenranta

Dicht beim alten Zentrum der Stadt gelegen. *94 Zi., Valtakatu 31, Tel. 05/67 78 11, Fax 677 82 99, www.cumulus.fi, €€*

Finnhostel Lappeenranta

Jugendherbergsähnliche Unterkunft ohne großen Komfort. *42 Zi., 40 Hütten, Kuusimäenkatu 18, Tel. 05/451 55 55, Fax 451 55 58, www.huhtiniemi.com, €*

AUSKUNFT

Städtisches Touristenbüro und Lappeenranta Tourist Service

Kauppatori (Marktplatz), Tel. 05/66 77 88, Fax 667 78 40, Mo–Fr 9.30–16.30, Juni–Aug. 9–18 Uhr, www.lappeenranta.fi

ZIELE IN DER UMGEBUNG

Imatra   [113 D–E2]

Das Wasser hat Imatra (30 200 Ew., ca. 45 km von Lappeenranta) bekannt gemacht: Heute kann man die berühmten ★ *Stromschnellen* in einer Schlucht mit 18 m Gefälle allerdings nur noch abends (Mitte Juni–Mitte Aug. um 19 und um 1 Uhr) je für eine halbe Stunde anschauen. Denn das Gefälle des Flusses Vuoksi wird seit 1929 von Finnlands größtem Kraftwerk (kann besichtigt werden) genutzt. Nebenan liegt Finnlands ältester *Naturpark*, den Zar Nikolaus I. 1842 begründet hat. Ein beschilderter Weg führt durch den Park. Übernachten können Sie im *Scandic Hotel Imatran Valtionhotelli,* das einige Zimmer in einem Jugendstilschlösschen anbietet *(92 Zi., Torkkelinkatu 2, Tel. 05/688 81, Fax 688 88 88, €€€).* Auskunft: *Koskenparras 6, Tel. 05/681 25 00, Fax 437 77 27, http://travel.imatra.fi*

Parikkala   [113 E1]

Die 4600-Ew.-Gemeinde liegt 90 km von Lappeenranta reizvoll

am See Simpelejärvi. Das gut 5 km² umfassende *Naturschutzgebiet Siikalahti* gilt als international bedeutendes Feuchtbiotop und als Paradies für über 70 Vogelarten. Herrliche Wege z. T. über Holzbohlen durch Schilf und Sumpf. Rustikales Holzambiente im *Hotelli Kägöne, 6 Zi., Kuutostie 1272, Tel. 05/47 03 71, Fax 43 05 40, €*. Auskunft: *Städtisches Tourismusbüro, Harjukuja 6, Tel. 05/686 11*

Ristiina   [112 C2]
Wenn man von Ristiina (86 km) Richtung Suurlahti–Puumula fährt (Straße Nr. 15121), kommt man nach 20 km in den Weiler *Toijola*. Das *Bauernhofmuseum* befindet sich seit 1672 im Besitz einer Familie. Die 28 Gebäude sind an ihrem Originalstandort erhalten. So sehen Sie ein vollständiges Gehöft, das in Teilen 200 Jahre alt ist.

2 km weiter kommen Sie an 3000 bis 4000 Jahre alten *Felsmalereien* vorbei. Die rund 60 Motive befinden sich auf einem Felsen, der am Strand des Saimaa-Sees an der *Astuvansalmi-Enge* aus dem Wasser ragt (vom Parkplatz aus sind ca. 2,5 km zu Fuß zurückzulegen).

Schiffsausflüge
Sie haben die Wahl: Kreuzen auf dem Saimaa-See, Fahrten auf dem Saimaa-Kanal bis zur Schleuse Mälkiä oder weiter den Kanal entlang bis ins heute russische Wyborg **[113 E3]** (rechtzeitig nach aktuellen Einreisebestimmungen fragen).

Ylämaa   [113 E1]
Die Gemeinde 30 km südlich von Lappeenranta nennt sich »Ort der schönen Steine« – der Spektrolithfunde und Verarbeitung wegen. Der in allen Spektralfarben schillernde Schmuckstein wird im Edelsteindorf geschliffen und verkauft, das *Edelsteinmuseum (Tel. 05/613 42 59)* informiert über die Geschichte, zeigt aber auch anderes edles Gestein. Im Juni internationa-

Beeindruckendes Schauspiel: die Wassermassen am Staudamm von Imatra

Die Burg Olavinlinna ist die am besten erhaltene Festung Skandinaviens

le Edelsteinmesse. Auskunft: *Tourismusinformation, Kunnanvirasto, Tel. 05/61 34 00*

SAVONLINNA

[117 D6] Obwohl nicht sehr groß (27 600 Ew.), ist Savonlinna sehr bekannt. Das hat drei Gründe: Das jährliche ★ Opernfestival Ende Juli hat Weltruf erlangt, die Burg Olavinlinna, malerisch im See gelegen und Schauplatz der Opernfestspiele, ist die besterhaltene mittelalterliche Festung Nordeuropas. Und: Seine Lage hat Savonlinna zu einem Mekka der Wassersporturlauber gemacht. Außerdem ist Savonlinna geschätzt als idealer Ort für Hütten- und Bauernhofurlaub mit Seeblick.

Jährlich kommen einen Monat lang mehrere Opern zur Aufführung (auch unter der Regie von international bekannten Künstlern und Dirigenten), außerdem gibt es konzertante Aufführungen und Konzertabende. In dieser Zeit platzt die Stadt aus allen Nähten – 70 000 Besucher aus aller Welt sind durchaus keine Seltenheit.

SEHENSWERTES

Burg Olavinlinna
Sie wurde 1475 erbaut; die meisten heute noch sichtbaren Teile stammen aber aus dem 16.–18. Jh. Sowohl die Schweden als auch die Russen waren Herren der Burg. Der Hof wird heute als Opernbühne benutzt. Mehrere Säle dienen als Kongress- und Bankettsäume, auch ein historisches und ein orthodoxes Museum sind hier. *Anf. Juni–Mitte Aug. tgl. 10–17, Mitte Aug.–Ende Mai 10–15 Uhr*

Halbinsel Riihisaari
Am Marktplatz ist der Hafen der Saimaa-Linienschiffe. Weiter östlich am Strand entlang kommen Sie zur Halbinsel Riihisari mit dem Provinz- und Saimaa-Museum (gegenüber der Burg). Dazu gehören restaurierte Schiffe, die früher Saimaa und Ostsee befuhren. *Di–So 11–17, Juli–Mitte Aug. tgl. bis 20 Uhr*

ESSEN & TRINKEN

Brauereirestaurant Huvila
Anspruchsvolles Lokal am Wasser mit Terrasse, ideal für einen schönen Sommerabend. *Puistokatu 4, Tel. 015/555 05 55, €€ – €€€*

Majakka
Maritimes Ambiente. Hier gehen auch die Einheimischen gern essen. *Satamakatu 11, Tel. 015/53 14 56, €€*

ÜBERNACHTEN

Kartanon Kievari
Sommerliche Gutshofatmosphäre, *10 Zi., Tynkkylänjoentie 49, Tel./ Fax 015/52 22 00, www.travel.fi/ fin/kartanonkievari, € – €€*

Kurhotel Casino
⭐ Schöne Lage auf eigener Insel im See. *80 Zi., Kasinonsaari, Tel. 015/739 50, Fax 27 25 24, www.lomaliitto.fi, €€ – €€€*

AUSKUNFT

Savonlinna Tourist Service
Puistokatu 1, Tel. 015/51 75 10, Fax 517 51 23, Mo–Fr 9–17, Juni/Aug. tgl. 8–18, Juli bis 20 Uhr, www.savonlinnatravel.com

Savonlinna Opera Festival
Olavinkatu 27, Tel. 015/47 67 50, Fax 476 75 40, www.operafestival.fi

ZIELE IN DER UMGEBUNG

Kerimäki   [117 E6]
21 km von Savonlinna steht die größte Holzkirche der Welt (1847, innen: 45 m lang, 42 m breit, 27 m hoch). Sie bietet 3000 Personen Platz. Fahren Sie mit dem Mietboot zur *Insel Hytermä*. Hier residierte Heikki Häyrynen, Dorfsheriff und komischer Kauz, und hinterließ alte Holzspeicher, Windmühle und bizarre Skulpturen aus Mühlsteinen. Auskunft: *Handarbeitszentrum Aitto (bei der Kirche), Tel. 015/54 14 23*

Mücken & Co.

Plagegeister zwischen Mythos und Realität

Es gibt sie. Und lästig sind sie auch, all diese Mücken, Bremsen, Stech-, Flug- und Krabbeltiere des Sommers, die es scheinbar speziell auf touristische Körper abgesehen haben. *Ötokät* ist ein Sammelname für dieses Kleingetier und ziert Insektenvorhänge, Fliegenklatschen und Abwehrmittel. Es gibt Problemgegenden und Problemzeiten: Stehende Gewässer und sumpfiges Gelände werden von den Kampffliegern bevorzugt, ebenso tiefes, schattiges Unterholz bei Hitze. Aggressiv sind sie auch zu bestimmten Perioden ihres Entwicklungszyklus. Aber wo ein kleines Lüftchen weht, in felsigem und locker bewachsenem Terrain relativiert sich das Problem schnell. In Siedlungen und Städten ohnehin. Ansonsten helfen bewährte finnische Mittel aus der Apotheke oder spezielle Räucherspiralen.

Die Landschaft am Punkaharju steht seit 1840 unter Naturschutz

Linnansaari-Park [117 D6]

Der Nationalpark 42 km nördlich besteht aus etwa 130 Inseln mit unterschiedlicher Prägung. Die 36 km^2 geschützte Zone ist das Zuhause der stark gefährdeten Saimaa-Ringelrobbe, der einzigen Süßwasserrobbe. *Zu erreichen mit dem Boot von Rantasalmi (Besucherzentrum) oder von Oravi aus.*

Punkaharju [117 E6]

★ Der 22 km südöstlich von Savonlinna gelegene Bergrücken ist Naturschutzgebiet und zeigt Finnland wie aus dem Bilderbuch. Man fährt über schmale eiszeitliche Landzungen praktisch mitten durch die Seenlandschaft. *Kunstzentrum Retretti:* Eines der außergewöhnlichsten Kunstpodien in Europa, Ausstellungen in unterirdischen, 25 m tief in Fels getriebenen Räumen, bizarre Kulisse für große Kunst *(Tel. 015/775 22 00, www.retretti.fi).* In der Nähe: das sehenswerte *Forstmuseum Lusto.* Auskunft: *Touristeninformation, Kauppatie 20, Tel. 015/734 12 33*

Rauhalinna [117 D6]

Die Sommervilla am Ufer einer Halbinsel (16 km) wurde um 1900 von einem General der Zarenarmee für seine Frau im byzantinischen Stil ganz aus Holz errichtet.

TAMPERE

[111 E2] Tampere liegt an der Nahtstelle zweier Seen *(Näsijärvi* und *Pyhäjärvi);* dort, wo einer in den anderen »überläuft« und früher mal eine gefürchtete Stromschnelle war. Diese Stromschnelle hat schon früh die Entwicklung von Industrie begünstigt (ab 1779).

Trotz allem aber ist Tampere – nach Helsinki und Espoo die drittgrößte Stadt (200 000 Ew.) des Landes – keine grau, eintönige Industrieansiedlung. Industrie, Architektur und Natur bilden ein ausgewogenes Ganzes. Und auch die Kultur kommt nicht zu kurz: Weit über die Landesgrenzen hinaus sind Tamperes Film- und Theaterfestivals bekannt geworden.

SEHENSWERTES

Domkirche (Tuomiokirkko)
Von Lars Sonck, der auch die Kallio-Kirche in Helsinki entworfen hat, im Stil der finnischen Nationalromantik 1907 erbaut.

Hauptplatz Keskustori
Hier stehen das Rathaus (1890), das Stadttheater und eine Holzkirche (1824) mit freistehendem Turm.

Orthodoxe Kirche
Sie nimmt sich zwischen den vielen modernen Bauten der Stadt recht exotisch aus. 1899 erbaut, ist sie die einzige neobyzantinische Kirche in Nordeuropa; sie hat die größten Kirchenglocken Finnlands.

Pyynikki
Insider Tipp
Naherholungsgebiet westlich vom Zentrum auf einer der höchsten Moränen Finnlands mit herrlichem Blick über die Seenlandschaft. Gassen mit Holzhäusern (Pispala), Aussichtsturm und Freilichttheater, in dem sich nicht die Bühne, sondern das Auditorium drehen lässt.

MUSEEN

Arbeitermuseum Alt-Amuri (Amurin työläismuseokortteli)
In über 30 original eingerichteten Heimen können Sie dem Arbeiterleben von 1880 bis in die 1970er-Jahre nachspüren. Genossenschaftsladen, Werkstätten und ein nettes Café mit lokalen Spezialitäten. *Makasiininkatu 12, Mai–Mitte Sept. Di–So 10–18 Uhr*

Leninmuseum (Lenin-museo)
Lenin, Stalin und andere Genossen trafen sich hier 1905. Viel Material über Lenin und seine Beziehungen zu Finnland. *Hämeenpuisto 28, Mo–Fr 9–18, Sa/So 11–16 Uhr*

Museumszentrum Vapriikki
Ein abwechslungsreiches Erlebnis für die ganze Familie auf einem ehemaligen Maschinenbau-Fabrikgelände. Von Archäologie bis zeitgenössische Kunst, Industrie und Technik ist alles vertreten und spannend dargeboten, kulinarische Entdeckungen inklusive. *Veturiaukio 4 (Tampella-Gelände), Di/Do–So 10–18, Mi 11–20 Uhr, www.tampere.fi/vapriikki*

ESSEN & TRINKEN

Astor
Eine Perle unter den Restaurants von Tampere. Hauptsächlich regionale Produkte wie Wild und Fisch. Jeden Abend Musik. *Alexis Kiven Katu 26, Tel. 03/260 57 00, €€€*

Näsinneula
Drehrestaurant auf dem Aussichtsturm (124 m) im Vergnügungspark Särkänniemi. *Särkänniemi, Tel. 03/248 82 34, €€€*

Vohvelikahvila (Waffelcafé)
Im kleinsten Steinhaus der Stadt werden Sie mit süßen und herzhaften Köstlichkeiten verwöhnt. *Ojakatu 2, Tel. 03/214 42 25*

EINKAUFEN

Hämeenkatu heißt die wichtigste Einkaufsstraße Tamperes. Sie führt über den Hauptplatz mit der Markthalle *(Mo–Fr 8–18, Sa 8–16 Uhr)*. Märkte gibt es außerdem am *Laukontori* und am *Tammelantori (Mo–Sa morgens bis nachmittags)*.

ÜBERNACHTEN

Holiday Club Tampereen Kylpylä
Das Kurhotel liegt auf einer Land-
zunge beim Hafen am Näsijärvi-
See. *56 Zi., Lapiniemenranta 12,
Tel. 03/259 71 11, Fax 259 71 12,
www.holidayclub.fi, €€€*

Hotel Victoria
Das Haus hat ein Hallenbad und bietet Stellplätze für Wohnwagen. *72
Zi., Itsenäisyydenkatu 1, Tel. 03/
242 51 11, Fax 242 51 00, www.
hotellivictoria.fi, €€*

FREIZEIT & SPORT

Särkänniemi Erlebnispark
Empfehlenswert ist ein Besuch
von Finnlands höchstem Aussichtsturm (168 m), der einen schönen
Blick über die Seenlandschaft bietet. Mit dem »Schlüssel« (27 Euro)
kann man folgende Attraktionen
des Erlebnisparks besuchen: Del-
phinarium, Rummelplatz, Streichel-
zoo, Aquarium, Planetarium, Sara-
Hildén-Kunstmuseum und den
Aussichtsturm. *www.sarkanniemi.fi*

Viikinsaari   *Insid Tipp*
Vom Laukantori-Kai aus geht es in
20-minütiger Fahrt zur Ausflugsin-
sel im See Pyhäjärvi. Sommerpara-
dies mit Wanderwegen, Strand,
Bootsverleih, Sauna und einladen-
dem Inselrestaurant. Am Wochenende Folklore- und Musikabende.

AUSKUNFT

Fremdenverkehrsamt
*Verkatehtaankatu 2, Tel. 03/
31 46 68 00, Fax 31 46 64 63,
Mo–Fr 8.30–17, Juni–Aug. bis 20,
Sa/So 10–17 Uhr, www.tampere.fi*

ZIELE IN DER UMGEBUNG

Hämeenlinna [111 F3–4]
In Hämeenlinna (46 500 Ew.,
78 km) ist die herausragende Sehenswürdigkeit die mittelalterliche

Rummel, Spaß und Unterhaltung im Särkänniemi Erlebnispark

Backsteinburg im Norden der Stadt (1260 als Wehrburg gegen Osten begonnen und immer wieder vergrößert, heute Heimatmuseum). In Hämeenlinna werden Musikfreunde das *Geburtshaus* des finnischen Nationalkomponisten Jean Sibelius besichtigen *(Hallituskatu 11)*. Fast alle Holzhäuser sind bei einem Brand zerstört worden, doch stehen am Marktplatz noch schöne Empirehäuser. Einen Besuch wert ist auch der *Naturpark Aulanko*. Auf schattigen Waldwegen und über Hängebrücken kann man hier herrlich spazieren gehen. Der 33 m hohe Aussichtsturm auf dem Aulankohügel bietet die Schönheit der Landschaft im Überblick. Ein besonderes Event ist die Besichtigung der *Glashütte Iittala* in *Kalvola* (1881): Zugucken in der Manufaktur, Glasblasen selbst ausprobieren, Staunen im Glasmuseum, Stöbern beim Fabrikverkauf *(Tel. 03/535 62 27)*. Eine gute Unterkunft bietet das *Cumulus Hämeenlinna (97 Zi., Raatihuoneenkatu 16–18, Tel. 03/648 81, €€€)*. Auskunft: *Häme Tourist Service, Raatihuoneenkatu 11, Tel. 03/621 33 73, Fax 621 33 74*

Lahti   [112 A–B3]
Nicht weit vom betriebsamen Marktplatz der modernen Stadt (98 000 Ew., 126 km) steht am Hang die *Kreuzkirche* von Alvar Aalto. Ihre Glocken stammen aus einer alten Holzkirche. Einem zweiten berühmten Architekten begegnet man im *Rathaus*, das Eliel Saarinen (Erbauer des Bahnhofs in Helsinki) entworfen hat. Im *Sportzentrum* (Urheilukeskus) – als Austragungsort internationaler Wintersportveranstaltungen bekannt – befindet sich das einzige *Skimuseum* Finnlands *(Mo–Fr 10–17, Sa/So 11–17 Uhr)*. Vergnügen bereitet das *Radio- und Fernsehmuseum*, das mit vielen Exponaten und filmischen Raritäten die Geschichte der finnischen Medien erzählt *(Mo–Fr 10–17, Sa/So 11–17 Uhr)*. Lahti liegt am Südende des *Päijänne-Sees*; per Schiff können Sie von hier bis Jyväskylä reisen. Die zweitgrößte Feldsteinkirche Finnlands findet man knapp 20 km nordwestlich in *Hollola* (14./15. Jh.), schöne Holzschnitzereien im Inneren. Übernachtungsmöglichkeiten gibt es im *Grand (99 Zi., Vapaudenkatu 23, Tel. 03/544 00, Fax 544 07 02, €€)* und im *Lahti (87 Zi., Hämeenkatu 4, Tel. 03/817 21, Fax 817 27 08, €€)*. Auskunft: *Lahti Touristbüro, Aleksanterinkatu 13, Tel. 03/87 76 77, Fax 877 67 00, www.lahtitravel.fi*

Silberlinie (Hopealinja) und Dichterweg (Runoilijan tie)
★ Schippern durch herrliche Landschaften: Die Schiffe der *Silberlinie* legen morgens am Laukontori-Kai in Tampere ab und erreichen über Visavuori und Viidennumero am späten Nachmittag Hämeenlinna **[111 F3–4]**. Wer nicht übernachten will, fährt mit dem Bus zurück.

Der *Dichterweg* führt durch eine von finnischen Dichtern vielfach besungene Landschaft. Er beginnt am Nordhafen Tamperes *(Mustalahti-Kai)* und geht weiter über Ruovesi nach Virrat **[111 E1]**. Ebenfalls Abfahrt vormittags, Ankunft abends. Daneben gibt es auf beiden Seen (*Näsijärvi* und *Pyhäjärvi*) eine Fülle verschiedener Kreuzfahrtmöglichkeiten auf kleinen, gemütlichen Schiffen, z. T. noch unter Dampf. Reservierung sinnvoll.

Zu Gast in einer anderen Welt

In den endlosen Wäldern und kleinen Dörfern Kareliens sind Hektik und Stress Fremdwörter

Als »Wiege Finnlands« wird Karelien gern bezeichnet, liegen doch hier die im Nationalepos »Kalevala« besungenen mythischen Orte und Stätten. Hier lebt die Tradition der Volksdichtung, der Märchen und überlieferten Gesänge und Tänze. Der frühere östliche Teil Kareliens gehört heute zu Russland. Die Grenzen werden erst allmählich wieder durchlässiger. Ausflüge über die Grenze etwa zum Ladoga-See, zum alten Kloster Valamo, sind lohnenswert, wenn sich auch die Einreisebestimmungen immer wieder verändern. Sobald Sie städtisches Gebiet verlassen und auf kleinere Straßen einbiegen, sind Sie mitten in unberührter, weiter Natur, atmen die klare Luft über Seen und dichten Wäldern. Die Distanzen zwischen den Städtchen und Orten werden größer. Die Menschen dieser Region sind jedoch keineswegs hinterwäldlerisch, sondern gelten ganz im Gegenteil als ausgesprochen weltoffen und aufgeschlossen. Gäste werden in den hübschen karelischen Dörfern stets freundlich empfangen.

Wanderabenteuer
im Oulanka-Nationalpark,
nördlich von Kuusamo

Karelisches Holzhaus in Nurmes

JOENSUU

[117 E4] Joensuu liegt an der Nahtstelle zwischen den Gewässern des Saimaa und dem bei Touristen beliebten Pielinen-See. Entsprechend war der Pielisjoki, der mitten durch die Stadt fließt, einst wichtige Flößerroute für die Holzindustrie. Holz ist immer noch ein bedeutender Faktor, doch die Stärke Joensuus liegt heute in seiner Funktion als Dienstleistungs-, Wissenschafts- und Wirtschaftszentrum für das ansonsten eher strukturschwache Nordkarelien. Die 1848 von Zar Nikolai I. gegründete Stadt zählt jetzt gut 52 000 Ew. Der Charme Joensuus erschließt sich bei einem Bummel über den Marktplatz und vorbei an den alten Holzhäusern in der Rantakatu nahe dem Hafen am Fluss.

SEHENSWERTES

Botanischer Garten (Puutarha Botania)

Neben exotischen Gewächsen verschiedener Klimazonen sehen Sie seltene einheimische Pflanzen und frei fliegende exotische Vögel und Falter. *Heinäpurontie 70, Mo, Mi–Fr 10–16, Sa 11–16, April–Aug. Mo, Mi–Fr 10–18, Sa/So 11–16 Uhr*

Festivalbühne Laulurinne

Für Großveranstaltungen wurde eine Bühne geschaffen, die Tausenden von Akteuren Platz bietet. Zu den wichtigsten Veranstaltungen zählen das Gospelfestival (Juli) und Ilosaari Rock, Finnlands zweitältestes Rockfestival. *Stadtteil Linnunlahti, neben dem Campingplatz*

Kunstgewerbezentrum (Käsityökeskus)

Gebrauchsgegenstände aus Holz und Birkenrinde, Webwaren, bedruckte Stoffe und anderes regionaltypisches Kunsthandwerk können Sie hier erstehen – oder einfach nur ansehen. Gleich daneben das nette Sommercafé *Tuulaaki* mit Terrasse am Wasser. *Rantakatu 2*

Marktplatz (Kauppatori)

Das lebendige Zentrum der Stadt: Es gibt alle Arten von Nahrungsmitteln, vor allem Fische, Piroggen, frisches Brot, daneben aber auch allerlei Handwerkerwaren und Bekleidung. Hier treffen Sie nicht nur Touristen, sondern bekommen Kontakt zu den Einheimischen.

Nikolauskirche (Pyhän Nikolaoksen kirkko)

Die Ikonostase (»Bilderwand«) der orthodoxen Holzkirche (Ende 19. Jh.) wurde in der Werkstatt des heiligen Alexander in St. Petersburg gemalt. *Kirkkokatu, Nordende*

Stadthaus (Kaupungintalo)

Der beeindruckende Bau des berühmten Architekten Eliel Saarinen (1914) wurde zu einem der Wahrzeichen der Stadt. Unter dem Motto »Eliels Auge« steht die Führung hoch in den ⚡ Turm hinauf. Empfehlenswert ist das Theaterrestaurant im Hause.

MUSEUM

Carelicum

★ In einer Mischung aus Informationsbüro und Museum, Ausstellung und Sammlung erfahren Besucher alles, was es Wissenswertes über Karelien zu berichten gibt. Geschichte, orthodoxes Leben, Natur und Kultur der Landschaft im äußersten Osten Finnlands werden anschaulich nahe gebracht. Außerdem gibt es einen umfassenden Touristenservice und mehrere Läden. Ein Muss für jeden Karelienbesucher. *Koskikatu 5, Mo–Fr 9–17, Sa/So 11–16 Uhr; Ausstellungen Mo–Fr 10–17, Sa/So 11–16 Uhr; www.carelicum.fi*

ESSEN & TRINKEN

Astoria

An schöner Stelle des Flussufers mit großer Terrasse. *Rantakatu 32, Tel. 013/22 97 66, €–€€*

Puukello

Puukello bietet authentische karelische Büfetts und Spezialitäten wie Karjalanpaisti (Karelischer Fleischtopf). *Auf der Insel Ilosaari, Tel. 013/12 32 72, €€*

ÜBERNACHTEN

Hotel Atrium

Stadthotel am Fluss mit netten Zimmern und kleinen Suiten mit eigener Minisauna. *53 Zi., Siltakatu 4, Tel. 013/25 58 88, Fax 255 83 00, www.columbus.fi/hotelliatrium, €€*

Finnhostel Joensuu

Das einfache Wandererhotel ist zentral gelegen. *40 Zi., Kalevankatu 8, Tel. 013/267 50 76, Fax 267 50 75, www.islo.jns.fi, €*

Karelia

Ein kleines, preisgünstiges Haus, viele Einzelzimmer. Beim Marktplatz. *34 Zi., Kauppakatu 25, Tel. 013/22 43 91, Fax 12 08 98, €€*

AUSKUNFT

Touristeninformation

KareliaExpert, Koskikatu 5 (Carelicum), Tel. 013/267 53 00, Fax 12 39 33, Mo–Fr 9–17, Sa 11–16 Uhr, Juli auch So 11–16, www.kareliaexpert.com

ZIELE IN DER UMGEBUNG

Ilomantsi [117 F4]

★ Finnlands östlichste Gemeinde (6800 Ew., 72 km); orthodoxe Traditionen und Feste bestimmen das Leben. Die hölzerne *Elias-Kirche* **Insider Tipp** (1891) mit ihren sechs Türmen zählt zu den größten und schönsten orthodoxen Kirchen im Land. Sogar Kuppeln und Türme sind ganz aus Holz gearbeitet. Eine schöne Aussicht über die Umgebung haben Sie vom ⬳ Weinturm mit Restaurant des Beerengutes PeltoHermanni. Einen Einblick in die alte Runosängertradition und in den karelischen Baustil bieten die *Runosängerstube* **Insider Tipp** und das angrenzende kleine *Freilichtmuseum*. Versäumen Sie nicht, dem Spiel der jungen Frauen auf dem Nationalinstrument Kantele zu lauschen! In *Hattuvaara* sollten Sie

---

MARCO POLO Highlights
»Waldfinnland«

★ **Ilomantsi**
Die östlichste Gemeinde der EU mit gelebter Tradition – orthodoxe Kirchenfeste und Runosängerhaus (Seite 71)

★ **Koli**
Nationallandschaft am Pielinen-See (Seite 73)

★ **Freilichtmuseum Pielinen**
70 Gebäude und Vorführungen spiegeln finnisches Landleben (Seite 73)

★ **»Bärenrunde« (Karhunkierros)**
Die Wanderroute bei Kuusamo bietet Naturschönheiten erster Klasse (Seite 75)

★ **Carelicum**
Wer Karelien mit seiner Natur und Kultur verstehen will, der darf die Ausstellungen im Carelicum von Joensuu nicht versäumen (Seite 70)

Die Aussicht vom Berg Koli ist überwältigend

beim *Haus des Kämpfers (Taisteli-jan Talo)* halten. Sehenswerte kriegshistorische Ausstellung, gutes Restaurant – und nebenan beim Grenzposten gibt es den Passier-schein für die Fahrt zum östlichsten Punkt der EU, ca. 20 km durch un-bewohntes Moorgebiet. Natur pur: Südöstlich Ilomantsis liegt der klei-ne *Petkeljärvi-Nationalpark* mit 10 km Naturpfaden. Weitere Tou-ren: der *Tapion Taival*, der östlichs-te Wanderweg Finnlands unweit der russischen Grenze (Gebiet Hat-tuvaara), oder der *Susitaival* (Wolfs-route) mit 90 km Länge von *Möhkö* (schönes Eisenhüttenmuseum) in den *Patvinsuo-Nationalpark*. Boots-sportler schwören auf Kanutouren auf dem Fluss Koitajoki mit seinen Stromschnellen – und den herr-lichen See Koitere, das »karelische Meer«. Wer über Nacht bleiben

möchte: *Ilomantsi, 24 Zi., Kaleva-lantie 12, Tel. 013/683 53 00, €€.* Auskunft: *Ilomantsin Matkailu Oy, Mantsintie 8, Tel. 013/88 17 07, www.travel. fi/fin/ilomantsi*

Juuka   [117 D3]

Die Gemeinde (6400 Ew., 86 km) liegt in bergiger Landschaft am Südwestufer des Pielinen-Sees und ist ein schönes Gebiet für Hütten- und Wanderurlaub. Außerdem lohnt eine Überfahrt mit der Fähre (kostenlos) auf die *Insel Paalasmaa* mit herrlichen Ausblicken über den See. Auf der Insel gibt es gute Ba-degelegenheiten. In der Nähe, bei Nunnanlahti, ist ein seltenes Ge-werbe beheimatet: die ==Gewinnung und Bearbeitung von Speckstein bei Tulikivi==. Aus Speckstein gibt es hier fast alles vom Schnapsglas bis zum Kaminofen. Hier finden Sie garan-

Inside Tipp

tiert ein ausgefallenes Mitbringsel. Ein kurzer Weg führt zu den imposanten Steinbrüchen. Auskunft: *Juuka Tourist Information, Poikolantie 1, Tel. 013/681 22 01, Fax 681 22 42, www.juuka.fi*

Koli   [117 E3]
★ Gegenüber der Stadt Lieksa (Fährverbindung im Sommer) erhebt sich am Pielinen-See der Koli-Höhenzug mit Ferienzentrum und Campingplatz. Das *naturhistorische Zentrum Ukko* informiert anschaulich über Geologie und Natur des Nationalparks. Koli (71 km) ist auch ideal für Winterurlaub. Ein Muss ist der Abstecher auf den 347 m hohen ☀ Gipfel Ukko-Koli. Die Sicht über den Pielinen-See ist einfach grandios. Kleine Pause im Dorf im Kunstcafé *Kolin Ryynänen (Ylä-Kolintie 2 a).* Übernachten und gut essen können Sie im *Hotel Koli (73 Zi., 27 Hütten, Ylä-Kolintie 39, Tel. 013/688 71 00, €€).*

Lieksa   [117 E3]
Die flächenmäßig zweitgrößte Gemeinde Finnlands (rund 3500 km²;

14 700 Ew., 98 km von Joensuu), die auch Koli einschließt, ist ein attraktives Feriengebiet. Das ★ *Freilichtmuseum Pielinen* auf der Halbinsel Pappilanniemi ist mit über 70 Gebäuden eines der größten und schönsten Finnlands. Die ältesten Gebäude wurden ohne Säge und Bohrer, nur mit der Axt erstellt und stammen aus dem Gebiet zwischen Pielinen-See und Russland *(Pappilantie 2, 15. Mai–15. Sept. tgl. 10–18 Uhr, Ausstellungen im Winter Di–Fr 10–15 Uhr).* Ein architektonisches Juwel ist die neue evangelische Kirche an der Kirkkokatu.

Für Nervenkitzel sorgt eine Stromschnellenfahrt in Schlauch- oder Holzbooten bei Ruunaa (kurz vor der Grenze). Bei Vuonislahti besuchen Sie Paateri, Atelier und Kapelle der international bekannten Holzbildhauerin Eva Ryynänen, mit beeindruckend lebendigen Skulpturen. Als Unterkunft bietet sich das *Hotel Puustelli* an *(60 Zi., Hovileirinkatu 3, Tel. 013/511 55 00, €€).* Auskunft: *Lieksan Matkailu Oy, Pielisentie 7, Tel. 013/689 40 50, Fax 52 64 38, www.lieksa.fi*

Insider Tipp

Insider Tipp

Raftingspaß: Nasswerden und Nervenkitzel garantiert

Finnland literarisch

Ein Land, das Bücher und ihre Autoren schätzt

Die Finnen sind lesewütig. Nirgends auf der Welt gibt es pro Kopf so viele Bibliotheksausleihen. Selbst in entlegene Dörfer machen Bücherwagen ihre Tour und versorgen Bücherwürmer mit Seitenfutter. Das Interesse an aktueller finnischer Fabulierkunst wächst auch bei uns. Wie wäre es z. B. mit Leena Lander, einer der erfolgreichsten Gegenwartsautorinnen? Dramatische, konfliktreiche Handlungen erwarten den Leser. Spannung auf hohem Niveau! Groteske Geschichten voller Gesellschaftssatire, aber immer getragen von menschlicher Wärme und Sympathie beschert uns mit eigenständigem Humor Arto Paasilinna. Also: Auch lesend kann man ein Land erkunden.

Nurmes   [117 D2]

Die »Stadt der Birken« (9900 Ew., 125 km), inmitten der Wildnis am Nordwestende des Pielinen-Sees gelegen, ist ein Stützpunkt für Wanderer, Kanuten und Angler. Beachtenswert ist das *Bomba-Haus*, die Nachbildung eines karelischen Blockhauses, das Jegorov Bombin 1855 im russisch-karelischen Gebiet baute. Es ist das größte Blockhaus Nordeuropas. Heute können Sie hier karelische Spezialitäten genießen. Im Umkreis wurden etliche karelische Holzhäuser gebaut, die als Hotel dienen, empfehlenswert: *Hotel Bomba (Karjalainen Talo), 69 Zi., 15 Hütten, Suojärvenkatu 1, Tel. 013/68 72 00, €€*. Auskunft: *Hyvärilä-Nurmes Tourist Information, Lomatie, Tel. 013/48 17 70, Fax 48 17 75, www.nurmes.fi*

KUUSAMO

[119 D2] Was man heute von Kuusamo (17 500 Ew.) sehen kann, ist alles nach dem Zweiten Welt-krieg entstanden, in dem die Stadt nahezu vollständig zerstört wurde. Es gibt außer einem Heimatmuseum kaum Sehenswürdigkeiten. Bedeutung hat Kuusamo auf der Hochebene am Nordwestende des Sees Kuusamojärvi als Zentrum einer grandiosen Landschaft mit vorbildlich unterhaltenen Wanderwegen. Die Gegend ist im Sommer wie im Winter ein interessantes Urlaubsgebiet. Mit seinen 5000 Seen, Stromschnellen, Flussläufen und Wasserfällen ist es ein Dorado für Wasserwanderer, Wildwasserfahrer und Angler. Wintersportler finden hervorragende Pisten und Loipen vor (200 Tage Schnee).

ESSEN & TRINKEN

Riipisen Riistaravintola

Bär, Ren und anderes Wild sowie Fisch. *Rakatunturintie 6, Tel. 08/868 12 19, €€ – €€€*

Ruska

Das Gourmetlokal bietet u. a. exzellente Rentiergerichte. *Im Sokos*

Hotel Kuusamo, Kirkkotie 23 A, Tel. 08/859 20, €€–€€€

ÜBERNACHTEN

Holiday Club
Kuusamon Tropiikki
Schönes Kurhotel mit großem Spaßbad. *179 Zi. und 17 Hütten, Kylpyläntie, Tel. 08/859 60, Fax 852 19 09, www.kuusamontropiikki.fi, €€–€€€*

Rantasipi Rukahovi
Beim Wintersportzentrum, guter Ausgangspunkt für Wanderungen (fünf Restaurants). *245 Zi., Rukatunturintie 5, Tel. 08/859 10, Fax 868 11 35, www.rantasipi.fi, €€€*

Rukan Omena
Apartments (22 m^2), Mindestaufenthalt drei Tage. *100 Apartments, Bistrontie, Rukatunturi, Tel. 08/ 868 66 00, Fax 868 66 01, www. ruka.fi, €*

AUSKUNFT

Fremdenverkehrszentrum
Karhuntassu
Torangintaival 2, Tel. 08/850 29 10, Fax 850 29 01, Mo–Fr 9–17, Spätsommer auch Sa/So 10–17, Sommer tgl. 9–20 Uhr, www.kuusamo.fi

ZIELE IN DER UMGEBUNG

»Bärenrunde«
(Karhunkierros)   [119 D1]
★ Einer der schönsten Wanderpfade Finnlands (kein Rundweg!) 15 km nördlich von Kuusamo (höchster Punkt am Rukatunturi-Berg, ca. 20 km) umfasst insgesamt rund 80 km (4–6 Tage), aber auch kürzere Abschnitte sind möglich. Er führt durch eine einzigartige Landschaft mit Wasserfällen, Schluchten, Seen, unberührten Wäldern und teilweise durch den Oulanka-Nationalpark. Ein tolles Abenteuer sind die Hängebrücken: Schwindelfreiheit vorausgesetzt!
Wer nicht so lange wandern möchte, sollte nach *Juuma* [121 F4] fahren, etwa auf halber Strecke der »Bärenrunde« gelegen. Hier stoßen Sie auf die »Bärenrunde« und können ein Teilstück erwandern. Imposante Stromschnellen und Wasserfälle sehen Sie auch von hier: Myllykoski und Jyrävä.

Oulanka-Nationalpark   [121 F4]
Der 270 km^2 umfassende Nationalpark (70 km nördl.) bietet teils Moor, teils bergiges wildes Gelände, sowohl ruhige Gewässer als auch reißende Stromschnellen (ausgezeichnete Wanderwege). Besucherzentrum in Kiutaköngäs.

Auch das gehört zum Urlaub in Finnland: Beerensammeln

Mensch und Natur im Einklang

Ein besonderes Volk in einer in Europa einzigartigen Landschaft

Wer erzählt, er reise nach Lappland, erntet entweder ein ungläubiges Lächeln oder ein verklärtes Strahlen. Es gibt offenbar nur zwei Arten von Menschen: Solche, die mit Lappland wenig anfangen können, und solche, die wissen, welcher Schatz in diesem Land liegt, in der Weite und Unberührtheit der Natur, in seiner herben Schönheit und überraschenden Vielfalt. Besonders intensiv erlebt man hier die Jahreszeiten in ihrem raschen Aufflammen und plötzlichen Wechsel: Der lange Polarwinter im bläulichen Dämmerlicht und tief verschneit. Das Schauspiel der Polarlichter am Firmament. Der kurze, aus der verschneiten Landschaft explodierende Frühling, die Mitternachtssonne des Sommers, die auch die Nächte zum Tag erklärt. Und dann im Herbst die wenigen wunderbaren Wochen der *ruska*, wenn ganz Lappland ein leuchtendes gelbrotes Kleid anlegt.

Lappland ist die Heimat der *sámi*, auch wenn diese nur eine Minderheit der Bewohner stellen. Rund 6500 beträgt ihre Zahl in Finnland. Sie leben im Respekt vor

Unvergesslich: eine Fahrt mit dem Hundeschlitten

Lagerfeuerromantik

der Natur, viele immer noch halbnomadisch mit ihren Rentierherden. Original samische Handwerkskunst kündet das Zeichen *Sámi Duodji* an. Die Stücke sind immer ein wunderbares Souvenir.

Insider Tipp

INARI

[124 A4] Mit 17 000 km² und nur rund 7500 Ew. (davon 2200 Samen) ist Inari am Inari-See (Inarijärvi) eine riesige Landgemeinde, der Ort selbst seit 1973 Sitz des Samenparlaments.

Für die *sámi* ist der Inari-See eines ihrer bedeutendsten Heiligtümer. So finden sich alte Opferstätten wie *Ukonkivi* auf einer der Inseln im See. Sie können sich dorthin von Inari aus mit dem Boot übersetzen lassen. Der Inari-See ist

Den Samen ist der Inarijärvi, der Inari-See, heilig

mit seinen 1400 km² und 3000 Inseln und Schären der größte See nördlich des Polarkreises und der drittgrößte Finnlands.

MUSEUM

Insider Tipp
Siida Sámi Museum
Das Museum informiert anschaulich über die samische Kultur, über Natur und ökologische Zusammenhänge. Zum Komplex gehört das *Nordlappland Naturzentrum* und (nur im Sommer) ein *Freilichtmuseum* mit samischen Gebäuden, Stangenzelten und natürlich Saunas. Infostelle der Forstverwaltung. *Inarintie, Tel. 016/66 52 12, Okt. bis Mai Di–So 10–17, Mitte–Ende Sept. tgl. 9–20 Uhr, www.siida.fi*

ÜBERNACHTEN

Hotel Inarin Kultahovi
Zentral gelegenes Hotel am Ufer des Juutuanjoki. *29 Zi., Tel. 016/67 12 21, Fax 67 12 50, www.finlandiahotels.fi, €€*

Hotel Ivalo
Am Fluss gelegen, bietet das Haus Zimmer mit Aussicht und eine gute Küche. *94 Zi., Ivalo (40 km südöstl.), Ivalontie 34, Tel. 016/68 81 11, Fax 66 19 05, www.hotelivalo.fi, €€*

Hotel Tunturikeskus Kiilopää
Das Hotel ist Sportfans zu empfehlen, die entweder wandern oder Ski fahren wollen. Besonders schön: die Rauchsauna! *36 Zi., 4 Hütten, südl. von Saariselkä, Tel. 016/670 07 00, Fax 66 71 21, www.suomenlatu.fi, €€ – €€€*

AUSKUNFT

Pohjois-Lapin Matkailu Oy
Saariseläntie 1, Tel. 016/66 84 02, Fax 66 84 03, Mo–Fr 10–17 Uhr, www.saariselka.fi, www.inari.fi

ZIELE IN DER UMGEBUNG

Enontekiö [122 C5]
Südlich der Gemeinde öffnet sich der ★ *Ounas-Pallastunturi-Nationalpark*. 120 km markierte Wanderwege ziehen sich durch den 512 km² großen Park. Wander- und Wildnishütten (Wanderhütten reservieren) stehen jedermann kostenlos zur Verfügung. Zu Enontekiö gehört auch der *Haltiatunturi*, mit 1324 m höchster Berg Finnlands.

Karigasniemi [123 E3]
98 km nordwestlich von Inari liegt dieser Grenzort. Ganz in der Nähe der heilige Berg der *sámi*, der Ailigas, und Sulaoja, Finnlands größte Quelle. Gute Einkaufsmöglichkeit für samische Handwerkskunst.

Lemmenjoki [123 E4]
Der Lemmenjoki Nationalpark (69 km) ist der größte und nördlichste Finnlands, für Wanderer reizvoll: das canyonartige Flusstal des Lemmenjoki, das schon manchen Goldwäscher angezogen hat.

Saariselkä [124 B5]
Saariselkä, am Nordrand des Urho-Kekkonen-Nationalparks (zwischen Ivalo und Vuotso, 69 km), ist ein boomendes Touristenzentrum für Wintersportler. Interessant ist v. a. der ☟ Aussichtspunkt, auch per Auto zu erreichen.

Utsjoki [123 E–F 1–2]
Utsjoki (126 km) ist die einzige Gemeinde, in der sich die *sámi* in der Mehrheit befinden. Die Straße, die von hier am Teno entlang über Outakoski nach Karigasniemi führt, wird als eine der schönsten Finnlands bezeichnet. Immer wieder öffnen sich Ausblicke auf das Tal mit seinen herrlichen Wäldern, v. a. während der *ruska*, der herbstlichen Laubfärbung ein Genuss.

Wildmarkkirche (Erämaakirkko) [124 A4] *Insider Tipp*
Wo in Inari das Winterdorf der *sámi* lag, steht noch heute mitten in der Wildnis die 1752 errichtete Wildmarkkirche Pielpajärvi. Sie ist nur auf einem markierten Wanderweg

MARCO POLO Highlights
»Lappland«

★ **Ounas-Pallastunturi-Nationalpark**
Herrliches Wandergebiet mit kostenlosen Übernachtungshütten (Seite 79)

★ **Weihnachtsmann-Dorf (Joulupukin Pajakylä)**
Kitsch und Kunsthandwerk direkt vom Weihnachtsmann in Rovaniemi (Seite 80)

★ **Tankavaara**
Im einzigen Goldmuseum Europas selbst Gold waschen (Seite 81)

★ **Arktikum**
Alles über Leben und Kultur der arktischen Völker unserer Welt. Natur- und Umweltforschung in Rovaniemi (Seite 80)

Preisgekrönt: das Arktikum

(7 km) durch typischen Lappland-Wald oder per Boot zu erreichen.

ROVANIEMI

[120 C4] Für lappländische Verhältnisse geht es in Rovaniemi (35 000 Ew.) lebhaft zu. Wirtschaft, Handel, Tourismus und Verwaltung sind hier konzentriert. Beim Rückzug der deutschen Armee 1944 völlig zerstört, wurde Rovaniemi nach Plänen auch von Alvar Aalto (Lappia-Halle, Bibliothek, Rathaus) neu und funktional aufgebaut.

SEHENSWERTES

Napapiiri Rentierfarm (Napapiirin Porofarmi)

Die Rentierfarm im Lappendorf ist Schauplatz der Polarkreistaufe; eine spaßige Angelegenheit, die mit einer Urkunde belohnt wird. Anschließend gibt es Rentierfleisch zu essen. *10 km nordwestlich, Straße Nr. 79 nach Kittilä, ausgeschildert*

Ounasvaara

Vom Hügel im Osten haben Sie eine gute Aussicht über die Stadt und den Zusammenfluss von Kemijoki (längster Fluss Finnlands) und Ounasjoki. Außerdem gibt es eine Sommerrodelbahn und für den Wintersport Slalomhänge, Lifte und Schanzen, dazu 100 km Loipen.

Weihnachtsmann-Dorf (Joulupukin Pajakylä)

★ Auch wer sich nicht (mehr) für den Weihnachtsmann interessiert, sollte einen Rundgang einplanen. Denn es gibt hier neben viel Kitsch auch eine Menge nützlicher oder kunsthandwerklich wertvoller Souvenirs (u. a. Holzwaren, Renlederwaren) sowie Blockhütte und Poststube des Weihnachtsmanns. *Direkt am Polarkreis, 8 km nördlich an der Straße Nr. 4*

MUSEEN

Arktikum

★ Das architektonisch aufregende Museum mit Glaskuppeln und unterirdischen Passagen informiert umfassend und lebendig über Leben und Kultur der arktischen Völker. Tier- und Pflanzenwelt werden ebenso einbezogen wie ethnologische Fragen. Angeschlossen ist ein Wissenschaftszentrum, in dem erforscht wird, wie die Veränderungen auf der Erde die arktische Natur beeinflussen. *Pohjoisranta 4, Sept.–Mai Di–So 10–18, Juni–Aug. und Dez.–7. Jan. tgl. 10–18 Uhr, www.arktikum.fi*

Lappisches Forstmuseum (Lapin Metsämuseo)

In dem Freilichtmuseum wird von Leben und Arbeit der samischen Waldarbeiter erzählt: Holzfällerhütten und allerlei Gerät aus der Anfangszeit der Forstwirtschaft. *Straße 78 Richtung Süden, Metsämuseontie 7, Juni–Aug. Di–So 12–17 Uhr*

ESSEN & TRINKEN

Oppipoika

Gute, bodenständige Landesküche zu moderaten Preisen, da eine Restaurantschule angeschlossen ist. *Korkalonkatu 33, Tel. 016/338 81 11, €–€€*

Rantasipi Pohjanhovi

Das vortreffliche Gourmetrestaurant befindet sich im Hotel gleichen Namens, *Pohjanpuistikko 2, Tel. 016/337 11, €€€*

ÜBERNACHTEN

Matka Borealis

Gasthaus guter Qualität in Zentrumsnähe, einige Zimmer mit Kochnischen. *17 Zi., Asemieskatu 1, Tel. 016/342 01 30, Fax 36 90 61, €*

Rantasipi Pohjanhovi

Sehr gut ausgestattetes Haus mit Gourmetrestaurant. *215 Zi., Pohjanpuistikko 2, Tel. 016/337 11, Fax 31 39 97, www.rantasipi.fi €€€*

AUSKUNFT

Städtisches Touristenbüro

Rovakatu 21, Tel. 016/34 62 70, Fax 342 46 50, Mo–Fr 8–16, Juni–Aug. Mo–Fr 8–18, Sa/So 10–16 Uhr, www.rovaniemi.fi

ZIELE IN DER UMGEBUNG

Auttinköngas [121 D4]

Der Wasserfall von Auttinköngas (16 m hoch) ist ein beeindruckendes Naturschauspiel. *Straße Nr. 81, ca. 80 km südöstlich*

Sodankylä [120 C2]

Die 9500-Ew.-Gemeinde am Zusammenfluss von Kitinen und Jeesiöjoki (128 km) entwickelt sich zum »Weltraumdorf« Lapplands mit den Schwerpunkten astronomische Forschung, Geophysik, Radar- und Satellitentechnik. Cineasten pilgern alljährlich im Juni wegen des nördlichsten Filmfestivals der Welt nach Sodankylä *(Tel. 016/61 45 24).* Sehenswert sind Finnlands zweitälteste *Holzkirche* (*Kirkkopuisto*, 1689) und die *Galerie Alariesto (Jäämerentie 3).* Hier erzählt der samische Künstler Andreas Alariesto in bunten Bildern vom Leben der *sámi* in früherer Zeit. Übernachten: *Hotelli Luostotunturi* mit angeschlossenem Restaurant *(96 Zi., Ellitsantie 6, Tel. 016/62 04 00, Fax 620 45 00, www.luostotunturi.com, €€).* Auskunft: *Jäämerentie 3, Tel. 016/ 61 81 68, Fax 61 81 59, Mo–Fr 9–17 Uhr, www.sodankyla.fi.* Von Sodankylä lohnt ein Ausflug in das Goldwäscherdorf ★ *Tankavaara,* 108 km entfernt. Hier gibt es das einzige Goldmuseum Europas. Alles über den Goldrausch, der Lappland besonders ab 1860 erfasste. Auch Touristen können sich im Goldwaschen versuchen *(Tel. 016/ 62 61 71, Juni–Aug. tgl. 9–18, sonst Mo–Sa 10–16 Uhr).* Übernachten: *Kultakylä, Tankavaara, 8 Zi., 11 Hütten, Tel. 016/62 61 58, Fax 62 62 81, www.tankavaara.fi*

Insider Tipp

Finden Sie Finnlands Facetten

Die Touren sind in der Karte auf dem hinteren Umschlag und im Reiseatlas ab Seite 110 grün markiert

1 HELSINKI AN EINEM TAG

Wenn Sie wollen (oder müssen), können Sie mit dem ersten Teil der Tour das Wichtigste von Helsinki in einer Stunde gesehen haben und den Rest des Tages den hier beschriebenen zweiten Teil erwandern. Genießer dehnen aber bereits den ersten Teil bis zu einem Tag aus.

Teil 1: Starten Sie am *Marktplatz (S. 29)* bei der Statue Havis Amanda, einer nackten Mädchenfigur und Wahrzeichen Helsinkis, gehen dann am Stadthaus vorbei nach Osten zum Obelisken und zum Präsidentenpalais. Danach lohnt sich ein Abstecher über den Kanal hinüber zur prächtigen orthodoxen *Uspenski-Kathedrale (S. 30)*. Dann spazieren Sie die Aleksanterinkatu nach Westen bis zur Unioninkatu und folgen dieser nach rechts zum *Senatsplatz (S. 29)*, einem einmaligen Ensemble klassizistischer Gebäude, das vom deutschen Architekten Carl Ludwig En-

Die Elias-Kirche von Ilomantsi liegt im Herzen Nordkareliens

gel erbaut wurde. Vor Ihnen liegt der Dom, links die Universität und rechts die Senatsgebäude, in denen heute die Ministerien untergebracht sind.

Zur Statue Havis Amanda zurückgekehrt, biegen Sie rechts ab in die Nordesplanade *(Pohjoisesplanadi, S. 31)* und bummeln diese gemächlich hinauf, bis Sie sich satt gesehen haben. Zurück geht es dann auf dem Südteil der Prachtstraße. So haben Sie einen umfassenden Eindruck über all die Geschäfte hier bekommen, die finnische Namen von internationalem Rang haben. Gehen Sie unbedingt hinunter bis zur Markthalle, die sowohl durch ihre Architektur als auch durch ihr Angebot an Delikatessen sehenswert ist. Die Holzfassaden der Markthalle (1891) erstrahlen nach der Renovierung in neuem Glanz. Hier sollten Sie auf jeden Fall Rentierschinken als Mitbringsel kaufen.

Teil 2: Von der Markthalle aus (gegenüber liegt das schön restaurierte Sundman-Haus von Carl Ludwig Engel mit gutem Restaurant) wandern Sie am besten auf der Eteläranta nach Süden, vorbei an der Deutschen Kirche *(Saksalainen Kirkko*, eine beliebte Hochzeits-

Eine besondere Atmosphäre herrscht in der Felsenkirche von Helsinki

kirche), bis zum *Observatoriums-berg*. Von diesem Hügel haben Sie eine herrliche Aussicht auf die Stadt zu Ihren Füßen. Geradeaus geht es durch den Park bis zur Russischen Botschaft (Ecke Ullan-/Tehtaan-katu), 1952 aus finnischem Granit und Speckstein erbaut. Nach der Ullankatu wenden Sie sich halb-links zur Itäinen Puisto- und Kallio-linnantie, wo weitere Botschaften und Villen mit interessanter Archi-tektur zu sehen sind. Besonders hervorzuheben ist die älteste Villa (1839) in der Itäinen Puistotie 7. Die Häuser mit den Nummern 13, 14 A und 17 beherbergen die Bot-schaften von Frankreich, den USA und Großbritannien.

Westwärts geht es am Südrand des *Brunnenparks Kaivopuisto (S. 30)* entlang auf der Ehrenströ-mintie. Von hier aus bietet sich ein malerischer Blick aufs Meer, wobei auch gleich das berühmte *Café Ur-sula (S. 30)* zu einer Pause einlädt. Nebenan können Sie ein wahres Unikum beobachten: eine finnische *Teppichwaschanlage (S. 30)*. Vom Pihlajasaari-Wasserbusanleger spa-zieren Sie dann nordwärts zur *Agri-cola-Kirche* (Lars Sonck) und weiter die Fredrikinkatu nach Norden zur berühmten *Felsenkirche (S. 28)*. Wer Lust auf Marktleben hat, macht zuvor einen Abstecher nach links den Bulevardi hinunter zum *Floh-markt Hietalahdentori (S. 34)*.

Von der Felsenkirche aus führt der Spazierweg weiter nach Osten zur *Finlandia-Halle (S. 28)* von Al-var Aalto, wo die KSZE-Schlussakte verabschiedet wurde. Weiter geht es südöstlich am Parlament vorbei, dann nach Osten zum berühmten *Bahnhof (S. 28)*, erbaut von Eliel Saarinen im finnischen Jugendstil. Von dort aus führt Sie das letzte Stück Fußweg zurück zum Markt.

2 KARELIEN: NATUR, HANDWERK UND EIN BISSCHEN RUSSLAND

Die fünftägige Autotour (ca. 1230 km) führt Sie zu orthodoxen Kirchen, zeigt Ihnen Paradestü-

cke finnischer Landschaft und bietet Ihnen Gelegenheit zum Einkauf interessanter Souvenirs.

1. Tag (450 km): Sie verlassen Helsinki nordöstlich auf der Autobahn (Nr. 7) Richtung *Porvoo (S. 45),* fahren weiter bis Pernaja und biegen dann ab auf die Straße Nr. 6 nach *Kouvola* und Lappeenranta. Zwischen *Lappeenranta (S. 58)* und *Imatra (S. 60)* lohnt sich auf jeden Fall ein Mittagsstopp in Joutseno (ca. 240 km) bei *Hackman:* Hier gibt es außer einem gepflegten Imbiss schöne Glas- und Porzellanwaren der bekannten Marken zu Schnäppchenpreisen.

Weiter geht es nach Norden auf der Straße Nr. 6, bis Sie zur Abzweigung nach Kitee kommen. In *Kitee* empfiehlt sich für das Abendessen (oft gibt es Wild, fast immer himmlische Desserts aus heimischen Beeren) und die Übernachtung das *Hotel Kievari Kitee (34 Zi., im Sommer Sonderpreise, Tel. 013/22 20 10, Fax 22 20 08, €€).* In Kitee gibt es einen Fabrikverkauf von Marimekko/Iittala.

2. Tag (135 km): Am zweiten Tag sind es nur 90 km bis zum ersten Etappenziel, der Ortschaft *Ilomantsi (S. 71).* Biegen Sie kurz vor dem Ortseingang von Ilomantsi rechts ab Richtung Möhkö, dann links nach Parppeinvaara zur Runosängerhütte *(Runolaulajan Pirtti).* In einer Ausstellung erfahren Sie alles über die Runosängerkultur und hören, wie Geschichte durch Balladen überliefert worden ist (»Kalevala«). In der Saison spielen junge Mädchen auf der Kantele, einem traditionellen zitherähnlichen Instrument, und singen die alten Lieder dazu *(Juni–Aug. tgl. 10–18 Uhr, in der Hochsaison bis 20 Uhr).* Im

Lokal nebenan gibt es karelische Spezialitäten.

In Ilomantsi dürfen Sie auf keinen Fall die orthodoxe *Elias-Kirche (S. 71)* versäumen. Biegen Sie nach der Kesoil-Tankstelle links in die Kalevalantie ein und fahren diese ganz bis zum Ende. Die ungewöhnlich große orthodoxe Holzkirche mit ihren sechs Türmen ist bereits über 100 Jahre alt *(Mo–Sa 11–18, So 12–18 Uhr).* Wer am 19./20. Juli hier sein kann, sollte unbedingt die *Praasniekka,* das örtliche Kirchweihfest, besuchen.

Insider Tipp

Die Tour führt Sie weiter nach *Hattuvaara* (40 km, am Nordende des Ortes rechts). Jetzt sind Sie im tiefsten Karelien. Hier hört zwar nicht die Welt auf – aber 15 km weiter befindet sich in einem sumpfigen Seengebiet der östlichste Punkt der EU, zu erkennen an einem finnischen und einem russischen Grenzpfosten und einem Markierungspfahl. Wer diesen Punkt im Grenzsicherheitsgebiet besuchen möchte, sollte zwei Tage vorher bei der Tourist Information eine Genehmigung holen und eine Führung vereinbaren *(Ilomantsin Matkailu Oy, Mantsintie 8, Ilomantsin, Tel. 013/88 17 07, Fax 88 32 70).* Sie können es auch im Hotel-Restaurant von Hattuvaara *(6 Zi., einige Hütten, Arhipanpirtti, Hatunraitti 5b, Hattuvaara, Tel. 013/83 01 11, Fax 83 02 13, €)* versuchen, das für Abendessen und Übernachtung sehr zu empfehlen ist. Das Restaurant befindet sich in einem Blockhaus *(Taistelijan Talo)* im traditionellen karelischen Stil, unmittelbar am Ortseingang. Das Hotel ist ein altes, charmantes Holzhaus im Dorfkern (Anmeldung im Restaurant).

Je nach Windrichtung wurde die Holzmühle in Lieksa gedreht

3. Tag (90 km plus 1,5 Std. Fährüberfahrt): Von Hattuvaara aus geht's in einem Bogen nordwestlich nach *Lieksa (S. 73)* am Pielinen-See. Dort sollten Sie sich, wenn Sie nicht noch den 100 km-Abstecher nach *Nurmes (S. 74)* machen wollen (am Nordende des Sees gelegen; mit Bomba-Haus, größtem Blockhaus im karelischen Stil, Hotel, Restaurants und Museen), gleich als Erstes für die Koli-Fähre am Nachmittag vormerken lassen. Die Wartezeit kann man wunderbar im *Pielinen-Freilichtmuseum* mit seinen 70 Gebäuden aus drei Jahrhunderten verbringen *(Mitte Mai–Mitte Sept. tgl. 10–18 Uhr)*.

Die Eineinhalb-Stunden-Überfahrt nach *Koli (S. 73)* ist ebenfalls ein Erlebnis für sich. Und dann erst die Aussicht vom Koli-Berg auf der anderen Seite! Jedes Zimmer im *Hotel Koli (73 Zi., Ylä-Kolintie 39, Tel. 013/688 71 00, €€)* hat einen echten Drei-Sterne-Panoramablick über Berge und See mit grandiosen Lichtspielen während der Morgen- und Abenddämmerung. Versäumen Sie es nicht, die wenigen Schritte zum Gipfel zu gehen!

4. Tag (160 km): Von Koli aus fahren Sie nördlich in Richtung Juuka bis *Nunnanlahti*. Dort besichtigen Sie einen Steinbruch, in dem der beliebte Speckstein herausgesägt wird. Das örtliche Museum zeigt alles über die Gewinnung in früheren Zeiten, im Laden finden Sie viele nützliche und zugleich hübsche Souvenirs aus diesem Material: Figuren, Gefäße, Küchenutensilien. Im Imbiss werden Brot und Piroggen frisch aus dem Specksteinofen angeboten.

Für die Weiterfahrt müssen Sie wieder zurück und bei Ahmovaara

Was aber auch den Abstecher ins kleine Hattuvaara lohnend macht, ist die winzige orthodoxe Holzkirche *(tsasouna)* St. Peter. Sie ist so klein, dass die sonst unverzichtbare Ikonostase, die Wand vor dem Altar, hier gar keinen Platz fand. Wer es irgendwie einrichten kann, sollte unbedingt am letzten Juniwochenende zur *Praasniekka* herkommen, wenn die Dorfbewohner mit ihren orthodoxen Freunden und Verwandten von überall her ihr Kirchweihfest feiern. Viele Popen und sogar der Erzbischof aus Helsinki kommen im prächtigen Ornat, und die Bewohner legen zum Festtag ihre alten Trachten an. Hinterher wird mit Volkstanzgruppen und Tanz für jedermann ausgiebig gefeiert. Dazu gibt es Kaffee und Kuchen, Piroggen *(karjalan piirakka)* und gute Sachen vom Grill. Auch als Fremde sind Sie dabei gern gesehene Gäste.

rechts abbiegen nach *Outokumpu.* Der Besuch der alten Kupfermine *(Vanha Kaivos, im Sommer tgl. 10–18 Uhr)* ist mit Steingarten, Abbaustollen, Museum, weiter Aussicht vom Fördertum, Multivisionsshow und gutem Restaurant ein interessanter Besichtigungspunkt. Von Outokumpu aus fahren Sie auf die Straße Nr. 23 und auf dieser Richtung Varkaus. Ca. 15 km weiter nach Korpivaara fahren und bei Suurmäki rechts abzweigen zum *Kloster Valamo (S. 57).* Das orthodoxe Männerkloster wurde ebenso wie das benachbarte <mark>Frauenkloster Lintula</mark> (weiter auf der Straße 23 nach Karvio, rechts ab nach Palokki, dort Wegweiser) zu Kriegszeiten von der russischen Seite Kareliens hierher evakuiert und neu aufgebaut. Beide kann man sommers von 9 bis 18 Uhr besichtigen. In den Klöstern werden Produkte aus eigener Herstellung verkauft. Reisenden bieten sie zudem

Insider Tipp

einfache Übernachtungsmöglichkeiten: Lintula bewegt sich eher auf Jugendherbergsniveau, Valamo hat schon den Charakter eines kleinen Hotels (€ – €€). Wer dennoch an diesem Tag ein weiteres Stück Weg zurücklegen möchte, dem seien Motel und Restaurant (€) in Joroinen empfohlen, südlich von *Varkaus (S. 58)* an der Straße Nr. 5 gelegen (80 km von Lintula entfernt).

5. Tag (ca. 300 km): Von Joroinen aus nehmen Sie die Nr. 5 nach *Mikkeli (S. 54,* 70 km). Dort führt von der Umgehungsstraße aus eine direkte Abzweigung nach <mark>Kenkävero,</mark> einem ehemaligen Pfarrhof, der heute ein Kunsthandwerkerdorf beherbergt. Viele Künstler und Handwerker zeigen hier ihr nicht alltägliches Können. Sie sollten die Gelegenheit nutzen und sich mit ungewöhnlichen Mitbringseln für sich selbst und gute Freunde versorgen. Von dort aus führen Sie die letzten 230 km zurück nach Helsinki.

Insider Tipp

Holzflößerei in Karelien: Die Flüsse sind wichtige Transportwege

Naturverbunden und vielseitig

Finnland überrascht mit einem Riesenangebot an sportlichen Aktivitäten

Sport gehört in Finnland zum Alltag. Einige Sportarten allerdings lassen das Herz der Finnen besonders hoch schlagen – das ist im Sommer *Pesäpallo*, eine eigenständige Form des Baseball, und im Winter Eishockey. Schon Kinder und Jugendliche spielen auf grasigem oder gefrorenem Grund und jubeln ihrem Lieblingsverein zu, etwa *Jokerit*, den Eishockeycracks von Helsinki. International reden die Finnen maßgeblich in zwei Disziplinen mit: dem Ski- und dem Motorsport. Janne Ahonen, Mika Häkkinen, Kimi Räikkönen heißen sie, die großen Vorbilder und Konkurrenten an der Weltspitze. Ein aktueller Exportschlager aus Finnland ist das Nordic Walking.

Ausführliche Informationen zu den einzelnen Sportarten bieten die Finnische Zentrale für Tourismus *(www.finland-tourism.com)* und die örtlichen Touristenämter.

ANGELN & EISANGELN

Finnland ist ein Mekka für Freizeitangler. Wer sich auf eine Angel mit Wurm oder im Winter fürs Eisangeln mit einer Pimpel beschränkt,

Wintervergnügen: Eisangeln

braucht keinen Angelschein. Nur wer andere Geräte anwendet, muss zahlen: Angler zwischen 18 und 65 Jahren müssen die »Gebühr zur Pflege der Fischgründe« (5 Euro/Woche, 15 Euro/Jahr) entrichten sowie eine Angelgenehmigung des jeweiligen Gewässerbesitzers erwerben (bei Kommunen 8 Euro/Woche, 27 Euro/Jahr). Dann kann es Barsch, Hecht, Zander, Forelle und Äsche an die Kiemen gehen. Für die Ålandinseln gelten Sonderbestimmungen.

Ein besonderer Volkssport ist das winterliche Eisangeln. Überall, selbst in der Hauptstadt, sieht man dann vermummte Gestalten an Eislöchern sitzen und geduldig auf den nächsten Fang warten.

EISLAUF

Ein Sport für Jung und Alt auf jedem zugefrorenen See, aber auch mitten in Helsinki, z. B. auf der Kallio-Eisbahn *(Helsinginkatu 23, Tel. 09/753 29 32)*. Beim Finnland-Eismarathon auf dem See Kallavesi bei Kuopio (Ende Feb./Anf. März) sind rund 7000 Eisläufer am Start. In verschiedenen Disziplinen zwischen 12,5 und 200 km kann hier jedermann mitmachen.

EISLOCHBADEN & WINTERSCHWIMMEN

Eislochbaden ist nicht nur ein Privatvergnügen nach dem Saunagang, sondern es gibt Interessen- und Nachbarschaftsgruppen, die dem kalten Vergnügen regelmäßig und in Gruppen frönen. Zuschauen oder am besten gleich mitmachen – sicher ein unvergessliches Urlaubserlebnis!

GOLF

Auf den rund 100 Plätzen des Landes – fast die Hälfte davon 18-Loch-Anlagen – können auch Gäste aus dem Ausland die Bälle über den Rasen treiben. Ein Green Fee kostet je nach Anlage 30–70 Euro/Tag. Ein besonderes Erlebnis sind Sommernachtsturniere, wenn die sich verabschiedende Sonne die Landschaft in Goldgelb taucht. *Finnish Golf Union, Tel. 09/34 81 22 44, www.golfpiste.fi/golf*

Insider Tipp

KAJAK & KANU

Gemächliches Wasserwandern oder rasantes Wildwasserfahren – in Finnland ist beides möglich. Schier unendlich sind die Wasserwege, die ausgearbeiteten Routen entlang und zwischen Inseln, Seen, Buchten und Flussläufen. Boote sind fast überall zu mieten. Schöne Strecken gibt es in der Region Puumala/Juva *(Kanucamp Laajalahti bei Puumala, Tel. 015/468 81 51)*. Regionale Touristenbüros halten Infos und Karten bereit. Auskunft erteilt auch die *Finnish Yachting Association, Tel. 09/34 81 21.*

RADFAHREN & MOUNTAINBIKEN

Die Nebenstraßen sind gut geeignet für Radtouren, die geringen Höhenunterschiede kommen den Fahrern entgegen. Räder können Sie in allen Tourismuszentren leihen. Für Freunde des Offroadsports gibt es

Die finnische Seenlandschaft ist ein Wassersportparadies

Querfeldeinpisten. Informationen: *www.cyclinginfinland.fi*

SCHLITTENFAHREN

Ein großes Comeback hat der Tretschlitten gefeiert, der ähnlich wie ein Kinderroller gefahren wird. Im nordkarelischen Kiihtelysvaara wird eine viertägige Tretschlittentour über 60 km angeboten. Hundeschlittensafaris gibt es in Karelien und Lappland, dort natürlich auch Rentierschlittenfahrten, meist mit samischen Führern. Wer's gern schneller mag, setzt sich auf einen Motorschlitten. Damit müssen Sie sich aber an die vorgeschriebenen Routen halten, um Tiere und Umwelt zu schonen.

Insider Tipp

SEGELN

Überall an der Küste wird dieser Sport betrieben. In den Häfen können Sie Boote mieten, werden Kurse angeboten. Unbedingt auf Wetterwarnungen achten! Den größten Gästehafen Finnlands hat Hanko. Info: *Finnish Yachting Association, Tel. 09/34 81 21.*

SKIFAHREN

Das bedeutet zunächst hauptsächlich Langlaufen bzw. Skiwandern. Je weiter nördlich, desto besser werden die Bedingungen: Endlose Strecken durch schönste Landschaft, bis zu 200 Tage Schneegarantie im Jahr. Natürlich gibt es auch jede Menge Wettbewerbe, bei denen es allerdings mehr ums Mitmachen als ums Gewinnen geht. Der Superlativ ist die Langlauftour von Grenze zu Grenze, die längste geführte Skiwanderung der Welt:

444 km von der russischen zur schwedischen Grenze, immer entlang dem Polarkreis *(www.ranua.fi/ tapahtumat)*.

Auch für Abfahrtslauf und Snowboarding finden Sie in Finnland gute Bedingungen. Mittlerweile gibt es fast überall Halfpipes, mancherorts Snowboardstreets. Ruka bietet sogar eine *boarder cross street*. Die Skisaison dauert im Norden von November bis Mai. Die besten Zeiten zum Skifahren sind allerdings Februar und März *(www.finland-winter.com)*.

WANDERN

Finnland zu Fuß erkunden, ist bei guter Vorbereitung sicher die schönste, weil unmittelbarste Art, Land und Leute kennen zu lernen. Ob es sich um einen verlängerten Spaziergang handelt oder eine ausgewachsene Trekkingtour – die Möglichkeiten sind so vielfältig wie reizvoll. Aber achten Sie auf angemessene (warme) Kleidung und feste Schuhe. Kompass, Karte, Proviant, Verbandzeug, Mückenschutz und Handy gehören in den Rucksack. Hinterlassen Sie Ziel und geplante Dauer Ihres Trips. Reizvoll ist es oft, sich geführten Touren mit einheimischen Guides anzuschließen, die eine Menge über Flora und Fauna zu berichten wissen.

Gearbeitet wird an dem Ausbau der europäischen Fernwanderwege in Finnland. Bislang sind vier Routen ausgezeichnet. Informationen bei *Suomen Latu ry/Matkapalvelu, Fabianinkatu 7, Helsinki, Tel. 09/17 01 01, Fax 66 33 76, www. suomenlatu.fi* oder *Metsähallitus (Amt für Staatswälder), Tel. 09/20 56 41 00, www.metsa.fi*

Für Neugierige, Träumer und Spieler

Mehr als Vergnügungsparks: In Finnland denkt man auch in Museen und Wissenschaftszentren an Kinder

Kinder sind überall in Finnland herzlich willkommen. Hochstühle im Restaurant, Kinderbetreuung im Einkaufszentrum sind Selbstverständlichkeiten. Die Eintrittspreise sind generell familienfreundlich. Was besonders auffällt: Kinder werden ernst genommen, und man strengt sich an, auch »erwachsene« Sehenswürdigkeiten Kindern verständlich zu machen.

HELSINKI

Linnanmäki [O]
Seit über 50 Jahren ist der Vergnügungspark im Sommer eine der Hauptattraktionen für die Hauptstädter. Auf 5 ha warten Dutzende Attraktionen: Fahrgeschäfte, Riesenrad, Showbühne und Spielzeugmuseum. *Ende April–Ende Aug. tgl. 12–22 Uhr, 22 Euro, Kinder (bis 120 cm) 14 Euro, Tivolikuja 1*

Sealife [O]
Haie, Seepferdchen und anderes Meeresgetier (fast) zum Anfassen. *Mai–Aug. tgl. 10–20, sonst Do–Di 10–17, Mi 10–20.30 Uhr; 10 Euro, Kinder 7 Euro, Tivolikuja 10, neben Linnanmäki, www.sealife.fi*

Kleiner Angelkönig

Wissenschaftszentrum Heureka [112 A5]
Alles über den menschlichen Körper, übers Fliegen, Basketballspielende Ratten – und das Ganze interaktiv und zum Ausprobieren. Auf Führungen erfahren Kids »Detektivisches« aus der Chemie und Wissenswertes zum »Global Village« und zur Umwelt. Außerdem gibt es ein Planetarium, eine 180-Grad-Projektion, Sonderausstellungen und Theater. *Mo–So 10–18, Do bis 20 Uhr; Eintritt (inkl. Sonderausstellungen, Theater) 17 Euro, Kinder 11 Euro, Tikkurila, Vantaa, Nahverkehrszüge (15 Min.), www.heureka.fi*

Zoo-Insel Korkeasaari [O]
Schneeleoparden, Amurtiger, Waldrentiere und Arktische Eulen warten zusammen mit über 1000 Artgenossen in Europas nördlichstem Zoo auf Tierfreunde. Speziell den Bären wird große Aufmerksamkeit gewidmet. Außerdem: Dämmerungstouren und Nachtöffnungen. *Tgl. 10–16, März/April bis 18, Mai–Sept. bis 20 Uhr; Eintritt 5 Euro, Kinder 3 Euro, Mai–Sept. per Boot vom Marktplatz oder vom Hakaniemi-Kai (Hakaniemenranta)* [U D2]; *ganzjährig mit der Metro bis Herttoniemi, dann mit Bus 11*

Insider Tipp **Schneckensafari, Kastelholm** [110 A6]

Der Führer der Schneckensafari, Olle Strömberg, ist professioneller Clown, und so wird die Tour zum spaßigen Erlebnis. Und am Ende wissen die Teilnehmer erstaunlich viel über die kleinen Tierchen. *Mitte Juni–Aug. Di–Fr 11, 14, 16, Sa 11 und 14, So 12 und 14 Uhr, Eintritt 5,50 Euro, Kinder 2 Euro, Kastelholm, Sund*

Wissenschaftszentrum Tietomaa, Oulu [118 B5]

Anfassen und ausprobieren, be-greifen, wie's funktioniert – das ist das Motto im Tietomaa, z. B. Körperfunktionen wie Herz und Lunge im Experiment nachvollziehen. *Sept. bis Feb. Mo–Fr 10–16, Sa/So bis 18 Uhr, März–Aug. tgl. 10–18 (im Juli tgl. bis 20) Uhr, Eintritt 10 Euro, Kinder 8,50, Familienkarte 30,50 Euro, nördl. des Zentrums, Nahkatehtaankatu 6, www.tietomaa.fi*

Wasalandia, Vaasa [114 B5]

Im Einbaum die Wildwasserbahn hinunterrasen, als Cowboy durch die Westernstadt bummeln, die Riesen-Piratenschiffsschaukel genießen – nur einige der vielen Attraktionen, die kleine und große Entdecker in Wasalandia erwarten. *Mitte Mai–Mitte Aug. tgl. 12–18, Juli bis 20 Uhr, Eintritt 15 Euro, Kinder 10 Euro, Vaskiluoto, www.wasalandia.fi*

Insider Tipp **Eishockeymuseum, Tampere** [111 E2]

Selber mal ausprobieren, wie schwer der Puck ins Tor geht! Mit dem Torschusssimulator kann es jeder mal versuchen. Außerdem erfährt man im größten Eishockeymuseum Europas alles zur Geschichte dieses Sports und sieht, was zur vollständigen Ausrüstung eines Spielers gehört. *Di und Do–So 10–18, Mi 11–20 Uhr, Eintritt 7 Euro, Kinder 3 Euro, Familien 20 Euro, Museumszentrum Vapriikki, Veturiauko 4 (Tampella-Gelände), www.tampere.fi/vapriikki*

Mumintal (Muumilaakso), Tampere [111 E2]

Muminfans werden begeistert sein: Nicht nur Originalzeichnungen der freundlichen, breitschnäuzigen Märchenfiguren von Tove Jansson sind hier zu sehen, sondern auch ein dreidimensionales Gemälde – und das Beste: ein komplett eingerichtetes fünfstöckiges Muminhaus mit Balkonen und Geheimgängen. *Di–Fr (Juni–Aug. auch Mo) 9–17, Sa und So 10–18 Uhr, Eintritt 4 Euro, Kinder 1 Euro, Hämeenpuisto 20 (Staatsbibliothek)*

Spionagemuseum, Tampere [111 E2]

Detektive und Freunde von 007 & Co. aufgepasst: Hier dreht sich alles um die geheime Mission. Geheimschriften, Abhörtechniken, Lügendetektoren und Spionagekameras, Agentenwaffen, inklusive Handschellen- und Kettenausstellung. *Mo–Fr 12–18, Sa/So 10–16 Uhr, Eintritt 7 Euro, Kinder 5 Euro, Satakunnankatu 18*

Carelicum, Joensuu [117 E4]

Alles über Karelien, seine Geschichte, Kultur und seine Tiere. In einer

Zu Besuch beim Weihnachtsmann in Rovaniemi – und das das ganze Jahr

Art Märchenstadt erfahren die kleinen Besucher, wie man hier früher gelebt hat, wie Schiffe beladen und Handel getrieben wurde. Im Carelicum bekommen Sie außerdem Gratiskarten für »Höyry Wille«, die lustige Eisenbahn, die Kinder durch die Stadt fährt. *Mo–Fr 9–17, Sa/So 11–16; Sonderausstellungen Mo bis Fr 10–17, Sa/So 11–16 Uhr, Eintritt 25 Euro, Kinder 10 Euro, Koskikatu 5, www.carelicum.fi*

LAPPLAND

Arktikum, Rovaniemi [120 C4]

Wer weiß schon, wie viele Worte die Inuit (Eskimo) für Schnee haben? Und wo liegt eigentlich der magnetische Pol? Wie sind die Pole erforscht worden? Auf diese und viele andere Fragen rund um das Leben im äußersten Norden gibt das Arktikum Antworten, spannend per interaktive Computerprogramme. Über das Thema Nordlicht informiert eine Multimediaschau. *Sept.–Mai Di–So 10–18, Juni–Aug. und Dez.–7. Jan. tgl. 10–18 Uhr, Eintritt 10 Euro, Kinder 5 Euro, Pohjoisranta 4, www.arktikum.fi*

Weihnachtsmannwerkstatt und Santa-Park, Rovaniemi [120 C4]

Hier, direkt am Polarkreis, dreht sich alles um Weihnachten und den Weihnachtsmann – das ganze Jahr über. Es gibt ein Weihnachtspostamt, in dem jährlich rund 250 000 Wunschzettel eingehen. Und im Santa-Park ist die Höhle zu besichtigen, in der Santa Claus zusammen mit den Elfen wohnt. Außerdem können die Besucher eine interaktive Show über Rentiere und den Hubschrauber des Weihnachtsmanns anschauen. *Mitte Juni–Mitte Aug. tgl. 10–18 Uhr, Eintritt 20 Euro, Kinder 15 Euro, 8 km nördl. (Str. 4), www.santapark.com*

Angesagt!

**Was Sie wissen sollten über Trends,
die Szene und Kuriositäten in Finnland**

Barhopping
»Barhopping« ist in. Freitags und samstags sind die Cafés und Bars in den großen Städten, aber auch zunehmend auf dem Land proppenvoll. Helsinkis *Uudenmaankatu* ist ein gutes Revier. Anschluss garantiert.

Finn-Rap, Rock & Co.
Ezkimo, Finntelligens (Finn-Rap), *Anssi Kela, Zen Café* (Rock), The *Rasmus* und *Kemopetrol* (Pop/Rock) sind derzeit bei Finnlands Jugend angesagt. *Nylon Beat* und *Tik Tak* heißen zwei populäre Girlie-Bands, der entsprechende Radiosender nennt sich *Radiomafia*. Hip-Hop-Fans schätzen *Bomfunk MC's* und *Soul Captain Band*.

Jazz
Jazz genießt in Finnland einen besonders hohen Stellenwert. Das beweisen schon die vielen Jazzfestivals. Die besten Jazzmusiker aus aller Welt zeigen alljährlich im Juli auf dem internationalen Jazzfestival in Pori ihr Können. Und auch finnische Jazzmusiker haben weltweit Anhänger. Ein Muss für Fans dieser Musik: Helsinkis *Jumo Jazz Club (Pursimiehenkatu 6, Tel. 09/61 22 19 14),* Heimat der legendären Jazzer von UMO.

Tangofieber
Ein Leben ohne Tanz – für viele Finnen unvorstellbar. Am beliebtesten ist die finnische Variante des Tango, etwas hölzern vielleicht, aber mit viel Freude getanzt. Ob Tango, Walzer oder Volkstanz – auf dem Land fährt man am Wochenende leicht 100 km und mehr, um zum nächsten Tanzboden oder zur angesagten Disko zu kommen.

»Krebse trinken«
Ab 21. Juli starten überall die beliebten Flusskrebsessen. Die Tiere kommen allerdings meist nicht mehr aus dem eigenen Land, dafür der Wodka, der dazu in großen Mengen fließt: möglichst ein Wodka pro Krebs, daher »Krebse trinken«. Doch Vorsicht...

Nordic Walking
Es werden immer mehr, man sieht sie in Parks und auf Fahrradwegen: Stöcke schwingend und energischen Schrittes oder mit Inlinern an den Füßen. Nordic Walking bzw. Stickwalking steht als Freizeitsport hoch im Kurs.

Von Anreise bis Zoll

Hier finden Sie kurz gefasst die wichtigsten Adressen und Informationen für Ihre Finnland-Reise

ANREISE

Auto, Schiff

Viele Wege führen nach Finnland, die meisten übers Wasser. Der schnelle Weg über die Ostsee: Superfast Ferries fährt täglich außer So von Rostock in 21 Std. direkt nach Hanko, 130 km südwestlich von Helsinki *(www.superfast.com)*. Von Lübeck-Travemünde nach Helsinki fahren täglich komfortable Frachterfähren der Reederei Finnlines in ca. 36 Std. *(www.finnlines.de)*. Es gibt viele Ermäßigungen – nachfragen!

Über Schweden (Stockholm) kommen Sie nach Helsinki bzw. Turku mit Siljaline *(www.siljaline.de)* und Viking Line *(www.vikingline.fi)*. Die Reedereien bringen Sie, ebenso wie Skandlines *(www.skandlines.de)*, auch zu den Ålandinseln.

Flugzeug

Nur zwei Stunden dauert der Flug z. B. von Hamburg zum internationalen Flughafen Helsinki-Vantaa. Dort besteht Anschluss zu 21 innerfinnischen Destinationen. Direktflüge nach Finnland bieten Finnair *(www.finnair.com)*, Lufthansa *(www.lufthansa.com)*, Air Botnia *(www.scandinavian.net)*, und – neu im Geschäft – der Billigflieger Vbird *(www.vbird.com)*. Außerdem Austrian Airlines und Swissair. Fragen Sie nach Sonderangeboten!

Bahn

Die Anreise mit der Bahn ist recht umständlich. Am besten kommen Sie über die Vogelfluglinie voran: Hamburg via Kopenhagen nach Stockholm und dann mit der Fähre.

AUSKUNFT

Finnische Zentrale für Tourismus

Lessingstr. 5, 60325 Frankfurt/M., Tel. 069/50 07 01 57, Fax 724 17 25, www.finland-tourism.com/de; in der Schweiz (keine Besucheradresse): *Tel. 01/654 51 32, info.finnland@mek.fi;* für Österreich *Tel. 01/79 56 71 61*

AUTO

Das Fernstraßennetz ist gut ausgebaut, obwohl es nur wenige Autobahnen gibt. Selbst unbefestigte Straßen wichtiger Ordnung sind gut zu befahren. Auf Nebenstrecken immer vorsichtig fahren – plötzliche Schlaglöcher! Wichtig: Ganzjährig muss auch bei Tag mit Abblendlicht gefahren werden. Für alle Insassen gilt Gurtpflicht. Die Promillegrenze liegt bei 0,5. Verstöße jeder Art werden empfindlich bestraft (in Tagessätzen bezogen auf das Einkommen!). Tempolimit: 50 km/h in Ortschaften, 80 bzw. 100 km/h (ausgewiesen) außerhalb, auf Schnellstraßen und Autobahnen 120 km/h. Nehmen Sie Warnungen vor Rentieren oder Elchen unbedingt ernst! Der Fahrer braucht einen nationalen Führerschein. Tankstellen haben meist von 7 bis 21 Uhr geöffnet; im Norden rechtzeitig tanken! Unfälle müssen sofort unter Tel. 100 22 (Polizei-Notruf) gemeldet werden, außerdem Meldung bei der Zentralstelle der finnischen Autoversicherer *(Tel. 09/68 04 01). Auskunft: Autoliitto, Hämeentie 105A, Helsinki, Tel. 09/72 58 44 00, Fax 72 58 44 60, www.autoliitto.fi*

CAMPING

350 Campingplätze sind gleichmäßig im Land verteilt, 200 gehören zum finnischen Campingverband. Klassifizierung: ein bis fünf Sterne. Ein Internationaler Campingausweis bzw. eine *Camping Card Scandinavia* – problemlos vor Ort zu erstehen – sind obligatorisch. Die Übernachtungskosten für eine Familie mit Zelt oder Caravan betragen ca. 7–20 Euro, je nach Ausstattung des Platzes. Viele Campingplätze bieten zusätzlich Holzhütten. *Auskunft und Informationsblatt: Finnish Campingsite Association, Mäntytie 7, Helsinki, Tel. 09/47 74 07 40, Fax 65 43 58, www.camping.fi*

DIPLOMATISCHE VERTRETUNGEN

Botschaft der Bundesrepublik Deutschland
Krogiuksentie 4, Helsinki, Tel. 09/45 85 80

**Botschaft der
Republik Österreich**
*Keskuskatu 1A, Helsinki, Tel.
09/17 13 22*

Botschaft der Schweiz
*Uudenmaankatu 16A, Helsinki, Tel.
09/622 95 00*

EINREISE

Bei einem Aufenthalt bis zu drei
Monaten genügt für Bürger der EU
und der Schweiz der Personalaus-
weis.

EINTRITTSPREISE

Vielerorts ist der Eintritt in staatliche und städtische Museen um-
sonst, sonst liegt er meist zwischen
3 und 6 Euro, Kinder bis zu 50 %
Ermäßigung. Günstig sind auch Fa-
milienkarten. Nur private Einrichtungen, Vergnügungsparks etc. sind
teurer. Wer sich längere Zeit an einem Ort aufhält, sollte sich beim
örtlichen Touristenbüro nach günstigen Dauerkarten für alle Sehenswürdigkeiten erkundigen. Einige
schließen die Benutzung öffent-
licher Verkehrsmittel ein.

GESUNDHEIT

Der medizinische Standard ist
hoch. Erkundigen Sie sich bei Ihrer
Krankenkasse/Versicherung, wie
diese mit Finnland abrechnet und
nehmen Sie einen Auslandskran-
kenschein mit. Das Formular E 111
sollten Sie auf jeden Fall dabeiha-
ben. Mit der Schweiz besteht kein
Behandlungsabkommen, informie-
ren Sie sich vorab bei Ihrer Versi-
cherung. Ärztlichen Rat und evtl.
einen Hausbesuch bekommen Sie

unter *Tel. 100 23* rund um die Uhr,
Zahnarztservice unter *Tel.
09/73 61 66 (9–21 Uhr)*.

INTERNET

Kein Land der Welt hat pro Kopf so
viele Internetanschlüsse – 2,2 von
5,2 Mio. Finnen surfen regelmäßig!
Praktisch alle Städte sind unter
www.(namederjeweiligenstadt).fi
zu finden. Gut auch: *http://virtual.
finland.fi; www.finland.de; www.
mek.fi/de; www.travel.fi; www.
deutsch-finnische-gesellschaft.de*

INTERNETCAFÉS

In jeder öffentlichen Bibliothek stehen kurzzeitig gratis nutzbare Internetanschlüsse zur Verfügung; längere Benutzung nach Anmeldung.
Größtes Angebot in Helsinki: *Lasi-
palatsi* und *Kompassi*, beide *Mannerheimintie 22–24*.

JEDERMANNSRECHT

Es gilt – wie der Name sagt – nicht
nur für Finnen, sondern für Jedermann. Jedermann *darf*:
– für den eigenen Bedarf unge-
  schützte Blumen, Beeren, Pilze
  pflücken;
– vorübergehend zelten (zum
  nächsten Haus Abstand von etwa
  Sichtweite halten).
Jedermann *darf nicht*:
– Höfe, Felder, Wiesen betreten, die
  beschädigt werden könnten;
– Tiere stören;
– auf dem Besitz eines anderen
  Feuer machen;
– Gegenstände oder Abfall hinterlassen;
– die Umwelt schädigen und Spuren hinterlassen.

KLIMA

Das Kontinentalklima beschert Finnland warme Sommer und kalte Winter. Die Luft ist immer klar und erfrischend. Der Südosten Finnlands hat die höchsten sommerlichen Durchschnittstemperaturen in ganz Skandinavien. Dann steigt die Wassertemperatur in Buchten und flachen Seen schnell auf über 20 Grad. Wegen der großen Nord-Süd-Ausdehnung gilt: Im Norden kommt der Winter (und der Schnee) früher und geht später.

MIETWAGEN

Autovermietungen sind überall vertreten, die Preise ähnlich wie bei uns. Örtliche Unternehmen sind oft etwas preiswerter als internationale Gesellschaften. Kleinwagen ab etwa 30–50 Euro/Tag und 0,20 bis 0,30 Euro/km. Nutzen Sie Wochenendtarife und Wochenpauschalen mit unbegrenzten Kilometern (130–200 bzw. 320–480 Euro). Weitere Angebote für Autovermietungen finden Sie unter *www.marcopolo.de*.

NOTRUF

Landeseinheitlich *112* (gratis)

ÖFFENTLICHE VERKEHRSMITTEL

Auch wer nicht mit dem Auto unterwegs ist, kann sich problemlos im Land bewegen: Die Züge sind komfortabel, schnell und preisgünstig, wenn auch das Netz nicht sehr dicht ist *(www.vr.fi)*. Dafür gibt es viele Buslinien, darunter Schnell-

Wetter in Helsinki

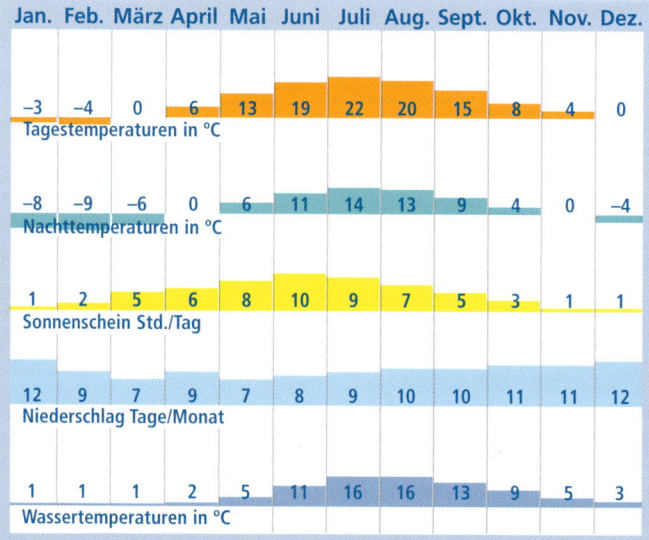

	Jan.	Feb.	März	April	Mai	Juni	Juli	Aug.	Sept.	Okt.	Nov.	Dez.
Tagestemperaturen in °C	−3	−4	0	6	13	19	22	20	15	8	4	0
Nachttemperaturen in °C	−8	−9	−6	0	6	11	14	13	9	4	0	−4
Sonnenschein Std./Tag	1	2	5	6	8	10	9	7	5	3	1	1
Niederschlag Tage/Monat	12	9	7	9	7	8	9	10	10	11	11	12
Wassertemperaturen in °C	1	1	1	2	5	11	16	16	13	9	5	3

busse, die große Entfernungen rasch und preiswert überwinden. Regionalbusse bringen Sie auch in das entfernteste Dorf. Info: *www.matkahuolto.fi.* Noch schneller geht es natürlich mit Inlandsflügen. Nur zu den von der Finnair selbst angebotenen Inlandsflügen gibt es einen Finnair-Bus am Zielflughafen für den Transfer zum Ort. Wenn der Flug von kleineren, regionalen Fluglinien durchgeführt wird, ist es ratsam, ein Taxi oder einen Mietwagen vorzubestellen.

ÖFFNUNGSZEITEN

Geschäfte haben Mo–Fr 9–20 Uhr, größere Kaufhäuser bis 21 Uhr geöffnet und Sa 9–15, manche bis 18 Uhr (einige länger). Kernöffnungszeiten der Banken: Mo–Fr 9–16 Uhr. Viele Museen haben montags geschlossen. Achtung: Finnische Museen ändern sehr oft ihre Öffnungszeiten. Erkundigen Sie sich bei den Touristeninformationen!

POST

Öffnungszeiten: Mo–Fr 9–17 Uhr, in größeren Städten 9–19 Uhr. Briefmarken gibt es auch in Hotels, Bahnhöfen, bei Schreibwaren- und Buchhandlungen sowie in den mit einem R gekennzeichneten Kiosken. Porto für einen Brief oder eine Postkarte: 65 Cent.

PREISE

Seit 2002 ist der Euro offizielles Zahlungsmittel. Im Barzahlungsverkehr werden 1- und 2-Cent-Münzen nicht eingesetzt. Die Preise werden auf 5 Cent auf- bzw. abgerundet.

Was kostet wie viel?

Kaffee	**2–5 Euro** für eine Tasse Kaffee mit Hefegebäck
Softdrink	**2,20 Euro** für ein Glas Cola o. Ä.
Bier	**3–5 Euro** für die Halbe im Lokal
Käse	**6,70 Euro** für 1 kg
Benzin	**1,20 Euro** für 1 Liter Super
Brot	**1,35 Euro** für 500 gr

Das Preisniveau liegt nur noch ca. 10 % über dem deutschen. Teurer sind lediglich Obst und Gemüse, die wegen der kurzen Saison entweder im Gewächshaus produziert oder eingeführt werden müssen. Auch die heimische Fleischproduktion deckt den Bedarf nicht ganz, die Preise sind entsprechend etwas höher. Alkohol wird hoch besteuert und ist demgemäß teuer.

SPRACHE

Machen Sie nicht den Versuch, im Urlaub Finnisch zu lernen: Sie schaffen es nicht. Die Sprache ist uns sehr fremd. Sie gehört zu den finnisch-ugrischen Sprachen und ist mit Ungarisch und Estnisch verwandt. Viele Finnen sprechen englisch, etliche sogar deutsch. Die Verständigung ist also kein Problem. Aber mit ein paar Höflichkeitsfloskeln in der Landessprache können Sie den Finnen durchaus eine Freude machen und punkten. Eine Minderheit von 6 % spricht Schwedisch, die zweite Amtssprache in Finnland.

STROM

230 Volt, wie bei uns passen Eurostecker.

TELEFON & HANDY

Nach Finnland wählen Sie von Deutschland, Österreich und der Schweiz zuerst 00358, dann die finnische Vorwahl ohne die 0, dann die Teilnehmernummer. Von Finnland wählen Sie für Deutschland 0049, für Österreich 0043 und für die Schweiz 0041 (je nach verschiedenen finnischen Telefongesellschaften muss die 00 noch 990, 994 oder 999 ersetzt werden); dann folgt die Vorwahl ohne die 0, zum Schluss die Teilnehmernummer. Handybesitzer werden in Nokia-Land keine Probleme haben.

UNTERKUNFT

Erstaunlicherweise ist in Finnland zur Hauptreisezeit im Sommer für Hotels die Nebensaison mit günstigeren Preisen. Der Grund: Die Finnen verschwinden dann alle in ihre Sommerhäuschen *(mökki)*, und in den Städten spielt sich nichts mehr ab. Fragen Sie also grundsätzlich nach Sonderpreisen, Sie können immens viel sparen (z. T. bis über 50 %). Ebenso gibt es häufig preiswerte Wochenendpakete. Eine gute Alternative sind Hotelschecks, die man in Reisebüros bekommt (z. B. Finncheque, Best Western, Scandic). Je nach Nachfrage und Preis-

kategorie des Hotels bekommt man mit den Schecks dort eine Ermäßigung. Der Vorteil dieser Variante: Sie reisen billiger. Der Nachteil: Sie sind an eine bestimmte Hotelkette gebunden.

ZEIT

Es gilt die OEZ (Osteuropäische Zeit), die uns eine Stunde voraus ist; Sie müssen Ihre Uhr also um eine Stunde vorstellen. Auch Finnland hat Sommerzeit.

ZEITUNGEN

FAZ, Süddeutsche, Welt: ganzjährig am Flughafen Helsinki sowie in den Bahnhöfen Helsinki, Tampere und Turku erhältlich; in der Hochsaison auch in Haupttouristenzentren (dort dann oft auch Bildzeitung); alle einen Tag nach Erscheinen. Stern, Spiegel, Zeit und internationale deutschsprachige Magazine gibt es ganzjährig in gut sortierten Zeitschriftenläden.

ZOLL

Innerhalb der Europäischen Union dürfen Privatreisende (aber nicht Gewerbetreibende) die meisten Waren, die sie für ihren persönlichen Verbrauch eingekauft haben, frei ein- und ausführen. Eingeführt werden dürfen 10 l Spirituosen, 20 l Alkohol bis 22 %, 90 l Wein (davon höchstens 60 l Schaumwein) und 110 l Bier. An Tabakwaren dürfen Reisende über 17 Jahre 800 Zigaretten oder 400 Zigarillos oder 200 Zigarren oder 1 kg Tabak einführen. Nähere Informationen finden Sie unter *www.zoll-d.de* und *www.tulli.fi*

Puhutko Suomea?

»Sprichst du Finnisch?«
Dieser Sprachführer hilft Ihnen, die wichtigsten
Wörter und Sätze auf Finnisch zu sagen

> Das Finnische wird in der Regel so ausgesprochen, wie es geschrieben wird. Es ist aber wichtig, darauf zu achten, dass die vielen Doppelvokale und -konsonanten auch wirklich doppelt ausgesprochen werden, da es sonst zu Missverständnissen kommen kann (Bsp.: tuuli Wind – tulli Zoll).

AUF EINEN BLICK

Ja.	Kyllä.
Nein.	Ei.
Vielleicht.	Ehkä.
Einverstanden!	Sopii!
Bitte.	Olkaa hyvä./Ole hyvä.
Danke.	Kiitos.
Gern geschehen.	Eipä kestä.
Entschuldigung!	Anteeksi!
Wie bitte?	Anteeksi kuinka?
Ich verstehe Sie/dich nicht.	En ymmärrä Teitä/sinua.
Ich spreche nur wenig …	Puhun vain vähän …
Können Sie mir bitte helfen?	Voitteko auttaa minua?
Ich möchte …	Haluaisin …
Das gefällt mir.	Pidän siitä.
Das gefällt mir nicht.	En pidä siitä.
Haben Sie …?	Onko Teillä …?
Wie viel kostet es?	Kuinka paljon se maksaa?
Wie viel Uhr ist es?	Kuinka paljon kello on?

KENNENLERNEN

Guten Morgen!	Hyvää huomenta!
Guten Tag!	Hyvää päivää!
Guten Abend!	Hyvää iltaa!
Hallo! Grüß dich!	Hei! Terve!
Mein Name ist …	Minun nimeni on …
Wie ist Ihr/dein Name?	Mikä Teidän nimenne/ sinun nimesi on?

Wie geht es Ihnen/dir?	Mitä Teille/sinulle kuuluu?
Danke. Und Ihnen/dir?	Kiitos hyvää. Entä Teille/sinulle?
Auf Wiedersehen!	Näkemiin!
Tschüss!	Hei!
Bis später! Bis bald!	Nähdään!
Bis morgen!	Nähdään huomenna!

UNTERWEGS

Auskunft
links/rechts	vasemmalla/oikealla
geradeaus	suoraan
nah/weit	lähellä/kaukana
Entschuldigung, wo ist …?	Anteeksi, missä on …?
Wie weit ist das?	Kuinka kaukana se on?
Ich möchte … mieten.	Haluaisin vuokrata …
… ein Auto …	… auton.
… ein Fahrrad…	… polkupyörän.
… ein Motorrad…	… moottoripyörän.

Panne
Ich habe eine Panne.	Autossani on vikaa.
Würden Sie mir bitte einen Abschleppwagen schicken?	Voisitteko lähettää minulle hinausauton?
Wo ist hier in der Nähe eine Werkstatt?	Missä on lähin korjaamo?

Tankstelle
Wo ist die nächste Tankstelle?	Missä on lähin huoltoasema?
Geöffnet.	Avoinna
Geschlossen.	Suljettu
Selbstbedienung.	Itsepalvelu
Ich möchte … Liter …	Haluaisin … litraa …
… Normalbenzin.	… tavallista bensiiniä.
… Super/Diesel.	… korkeaoktaanista/dieseliä.
… bleifrei/verbleit.	… lyijytöntä./… lyijypitoista.
Voll tanken, bitte.	Tankki täyteen, kiitos.

Unfall
Hilfe!/Vorsicht!	Apua! [apua]/Varokaa!
Es ist ein Unfall passiert.	On tapahtunut onnettomuus.
Rufen Sie bitte …	Olkaa hyvä ja soittakaa …
… einen Krankenwagen.	… ambulanssi.
… die Polizei.	… poliisi.
… die Feuerwehr.	… palokunta.

Haben Sie Verbandszeug?	Onko Teillä sidostar - vikkeita?
Es war meine Schuld.	Se oli minun vikani.
Es war Ihre Schuld.	Se oli Teidän vikanne.
Geben Sie mir bitte Ihren Namen und Ihre Anschrift.	Voisitteko antaa minulle nimenne ja osoitteenne.
Vielen Dank für Ihre Hilfe.	Kiitoksia paljon avustanne.

ESSEN/UNTERHALTUNG

Wo gibt es hier ...	Missä täällä on ...
... ein gutes Restaurant?	... hyvä ravintola?
... ein typisches Restaurant?	... tyypillinen ravintola?
... ein nicht zu teures Restaurant?	... kohtuuhintainen ravintola?
Reservieren Sie uns bitte für heute Abend einen Tisch für vier Personen.	Voisitteko varata meille täksi illaksi pöydän neljälle hengelle.
Auf Ihr Wohl!	Terveydeksi!
Bezahlen, bitte.	Saisinko laskun?
Das Essen war ausgezeichnet.	Ruoka oli erinomaista.

EINKAUFEN

Wo finde ich ...	Missä on ...
... eine Apotheke?	... apteekki?
... eine Bäckerei?	... leipomo?
... ein Kaufhaus?	... tavaratalo?
... ein Lebensmittelgeschäft?	... elintarvikeliike?
... einen Markt?	... tori?

ÜBERNACHTUNG

Können Sie mir bitte ... empfehlen?	Voisitteko suositella minulle ...
... ein Hotel ...	... hotellia?
... eine Pension ...	... matkustajakotia?
Haben Sie noch Zimmer frei?	Onko Teillä vielä vapaita huoneita?
... ein Einzelzimmer	... yhden hengen huone
... ein Doppelzimmer	... kahden hengen huone
... mit Dusche/Bad	... jossa on suihku/kylpyamme
... für eine Nacht/Woche	... yhdeksi yöksi/viikoksi
Was kostet das Zimmer mit ...	Mitä maksaa huone ...
... Frühstück?	... aamiaisen kanssa?
... Halbpension?	... puolihoidolla?

Gibt es hier Ferienhäuser/
Ferienwohnungen zu
mieten?

Onko täällä vuokrattavia lomamök-
kejä/lomahuonei stoja?

Gibt es hier die Möglichkeit,
Ferien auf dem Bauernhof
zu verbringen?

Onko täällä mahdollista viettää lomaa
maalaistalossa?

PRAKTISCHE INFORMATIONEN

Arzt

Können Sie mir einen
guten Arzt empfehlen?

Voitteko suositella minulle hyvää
lääkäriä?

Ich habe hier Schmerzen. — Minua koskee tähän.
Ich habe Kopfschmerzen. — Päätäni särkee.
Ich habe Halsschmerzen. — Kurkkuni on kipeä.
Ich habe (starke) Zahn-
schmerzen.

Minulla on (kova) hammassärky.

Post

Was kostet ... — Mitä maksaa ...
... ein Brief ... — ... kirje ...
... eine Postkarte ... — ... postikortti ...
... nach Deutschland? — ... Saksaan?
... nach Österreich? — ... Itävaltaan?
... in die Schweiz? — ... Sveitsiin?

ZAHLEN

0	nolla	19	yhdeksäntoista
1	yksi	20	kaksikymmentä
2	kaksi	21	kaksikymmentäyksi
3	kolme	30	kolmekymmentä
4	neljä	40	neljäkymmentä
5	viisi	50	viisikymmentä
6	kuusi	60	kuusikymmentä
7	seitsemän	70	seitsemänkymmentä
8	kahdeksan	80	kahdeksankymmentä
9	yhdeksän	90	yhdeksänkymmentä
10	kymmenen	100	sata
11	yksitoista	101	satayksi
12	kaksitoista	200	kaksisataa
13	kolmetoista	1000	tuhat
14	neljätoista	2000	kaksituhatta
15	viisitoista	10 000	kymmenentuhatta
16	kuusitoista		
17	seitsemäntoista	1/2	puoli
18	kahdeksantoista	1/4	neljännes

Reiseatlas Finnland

Die Seiteneinteilung für den Reiseatlas finden Sie auf dem hinteren Umschlag dieses Reiseführers

Mit freundlicher Unterstützung von

kein urlaub ohne
holiday
autos

www.holidayautos.com

total relaxed in den urlaub: einsteiger-übung

1. lehnen sie sich entspannt zurück und gleiten sie in gedanken zu den cleveren angeboten von holiday autos. stellen sie sich vor, als weltgrösster vermittler von ferienmietwagen bietet ihnen holiday autos

   • mietwagen in über 80 urlaubsländern
   • zu äusserst attraktiven preisen

2. vergessen sie jetzt die üblichen zuschläge und überraschungen. dank

   • alles inklusive tarife
   • wegfall der selbstbeteiligung
   • und min. 1,5 mio € haftpflichtdeckungssumme (usa: 1,1 mio €)

   steht ihr endpreis bei holiday autos von anfang an fest.

3. nehmen sie ganz ruhig den hörer, wählen sie die telefonnummer **0180 5 17 91 91** (12cent/min), surfen sie zu **www.holidayautos.com** oder fragen sie in ihrem reisebüro nach den topangeboten von holiday autos!

kein urlaub ohne

holiday autos

Autobahn mit Anschlussstelle		Motorway with junction
Autobahn in Bau mit Fertigstellungsdatum	Datum — Date	Motorway under construction, with provisional date of opening
Raststätte mit Übernachtungsmöglichkeit	®	Service area with motel
Raststätte ohne Übernachtungsmöglichkeit	®	Service area without motel
Tankstelle	⊤	Filling station
Straße mit zwei getrennten Fahrbahnen		Dual carriage-way
Durchgangsstraße		Main road
Verbindungsstraße		Connecting road
Nebenstraße		Secondary road
Fahrweg · Fußweg		Carriage-way · Footpath
Autobahnnummer	A7	Motorway number
Europastraßennummer	E55	Euopean road number
Straßennummer	345	Road number
Fernkilometrierung	153	Very long distances
Großkilometrierung	34	Long distances
Zwischenkilometrierung	13	Intermediary distances
Tunnel		Tunnel
Pass mit Höhen- und Steigungsangaben · Wintersperre	2224 X-VI	Pass with height and gradient · Closure in winter
Bedeutende Steigungen	12%	Important gradients
Fernverkehrsbahn		Main line railway
Sonstige Eisenbahn		Secondary line railway
Bergbahn		Mountain railway
Sessellift (Auswahl)		Chair lift (selection)
Autofähre	• F.	Car ferry
Schiffsverbindung		Shipping route
Kfz-Verladestation (auch Auto im Reisezug)	Malmö	Autorail
Touristenstraße		Tourist route
Straße mit Gebühr		Toll road
Kirche · Kirchenruine		Church · Curch ruin
Kloster · Klosterruine		Monastery · Monastery ruin
Schloss, Burg · Schloss-, Burgruine		Palace, castle · Palace ruin, castle ruin
Denkmal · Wasserfall		Monument · Waterfall
Höhle · Ruinenstätte		Cave · Ruins
Campingplatz · Jugendherberge		Camp · Youth hostel
Sonstiges Objekt		Other object
Motel · Touristenhütte		Motel· Tourist hut
Internationaler Flughafen		International airport
Ausflüge & Touren		Excursions & tours

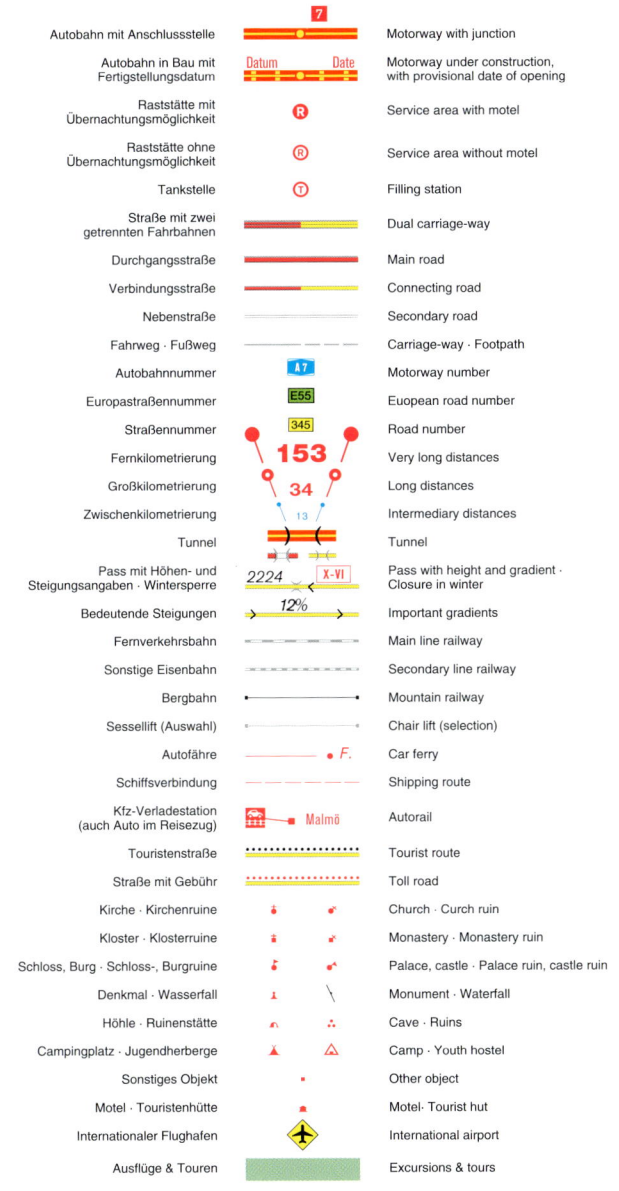

30 km

1

B

C

Kauhajoki

Juha

Päntäne

Kaskinen
Kaskö

Myrkky

Sälgrund

Tjöck
Tjöck

Karijoki

Kauhajärvi

Kristiinankaupunki
Kristinestad

Dagsmark

Kauhanvuoren
kan.

Lapväärti
Lappfjärd E08

Vanhakylä

Isojoki

Kärv

Skaftung

Kärjenkoski

Metsälä
Ömossa
W.v.Schwart

Suojoki

Honko

Honkajok

Yttergrund

Siipyy
Sideby

108

Kuvaskangas

Sy

Riispyy

Pyntäinen

S   a   t

Ala-
Honkajoki

Tuorila

Merikarvia

Siikainen
Levasjoki

Kank
93

Köörtilä

Honkakoski

Tuuna

Pomarkku

Ahlainen

Lassila

Karhija

Reposaari

Mäntyluoto

Noormarkku

Saarijärv

Yyter

Pihlava

Palus

Kuuminainen

Kullaa

11

Säppi

PORI
BJÖRNEBORG

Ulvila

Häyhtiönmaa

Lankoori

Nakkila

Kynsik

Luvia

Harjavalta

Saarenmaa

11

Kuivalahti

Kiukainen

Eurajoki

Eura

Rauma

Lappi

12

Kaukola

Unaja

Kodisjoki

Reile

43

Pyhämaa

Hinnerjoki

Honkile

Pyhäranta

Suontaka

V   a

Kammela

Maunmaa

Laaj

Lyökki

Laitila

Kalanti

Näsi

Karjala

Uusikaupunki

137 E08

Tarvainen

Vehmaa

Mynäm

Isokari

Lokalahti

Mietoinen

Raukla

Helsinki

Askainen

Lemu

Nc

Taivassalo

Kustavi

Hakkenpaa

Naantali

Velkua

Merimasku

Oenäs

Laupunen

TU

5

A h v e ń a n m a a
Å l a n d

Iniön aukko

Rymättylä

Brändö

Iniö

Geta

Sydm

Bustaholm

Ominai

Airist

132

Saltvik

Sund

Vårdö

Kumlinge

Houtskari
Houtskär

Kittuis

Nauvo
Nagu

Finström

Kastelhol

Korppoo
Korpo

Ekerö

Prästö

Korpström

Storby

Hammarland

Lumparby

Lemparby

Sottunga

Jomala

Längnäs

Turku

Saaristo
Skärgård
nat

Gottby

Maarianhamina
Mariehamn

Degerby

Lemland

Kapellskär
Stockholm

Flaka

Turku Fög
Stockholm

110

Kökar

Nötö

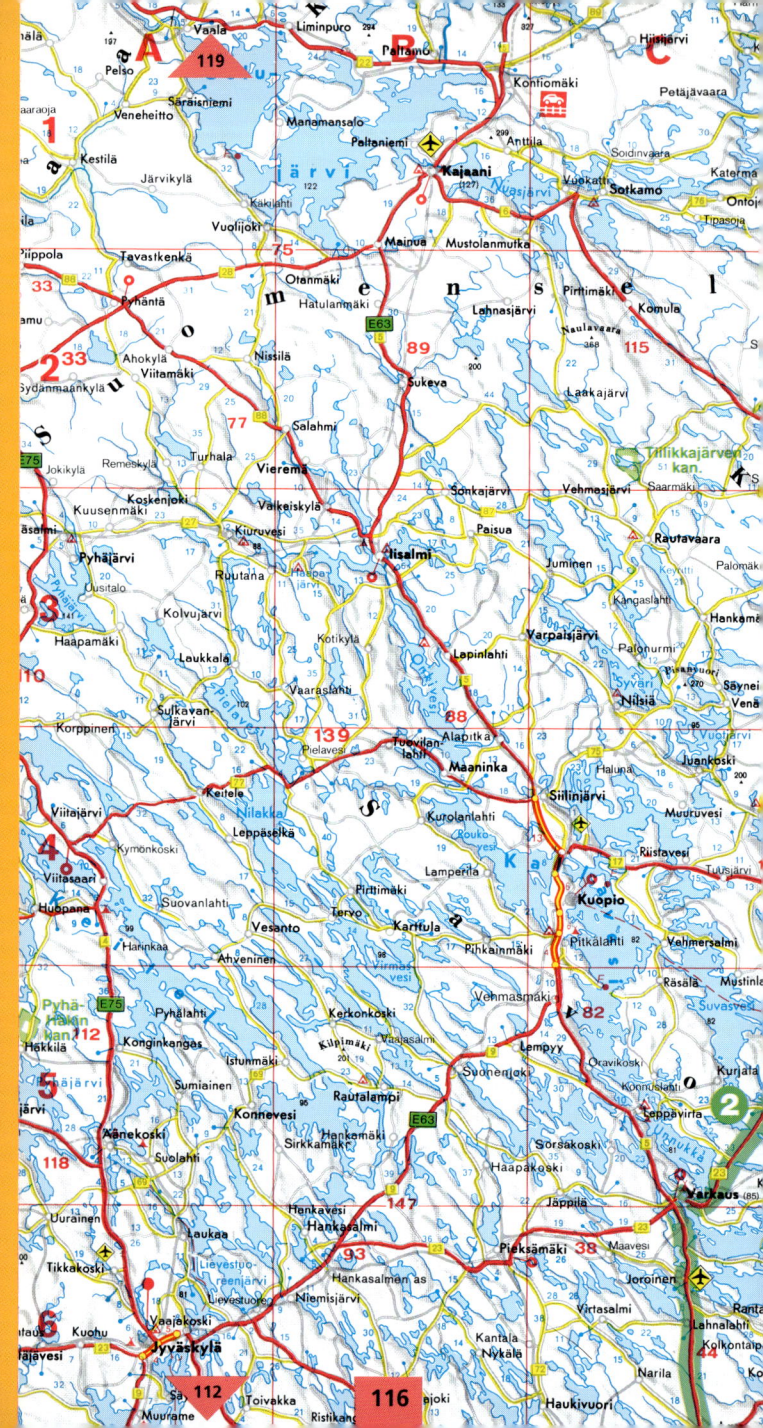

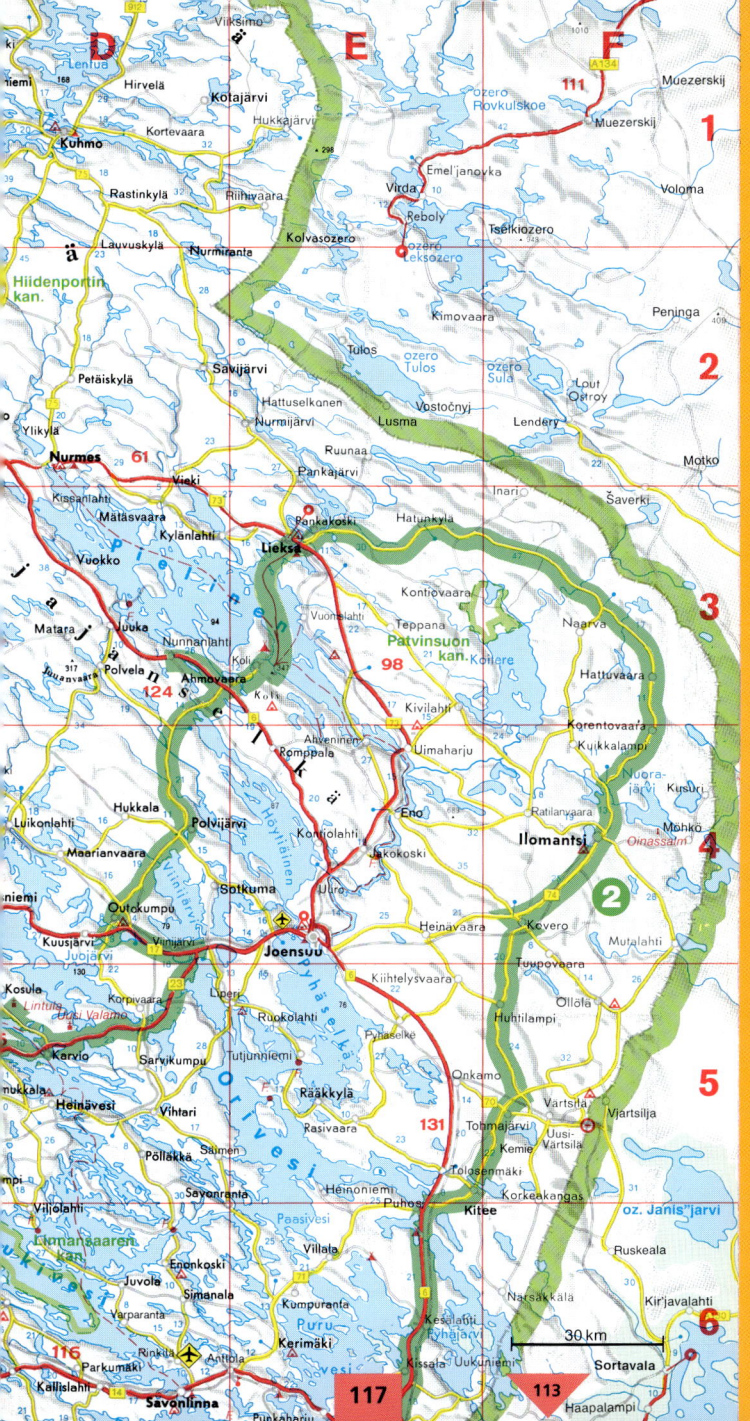

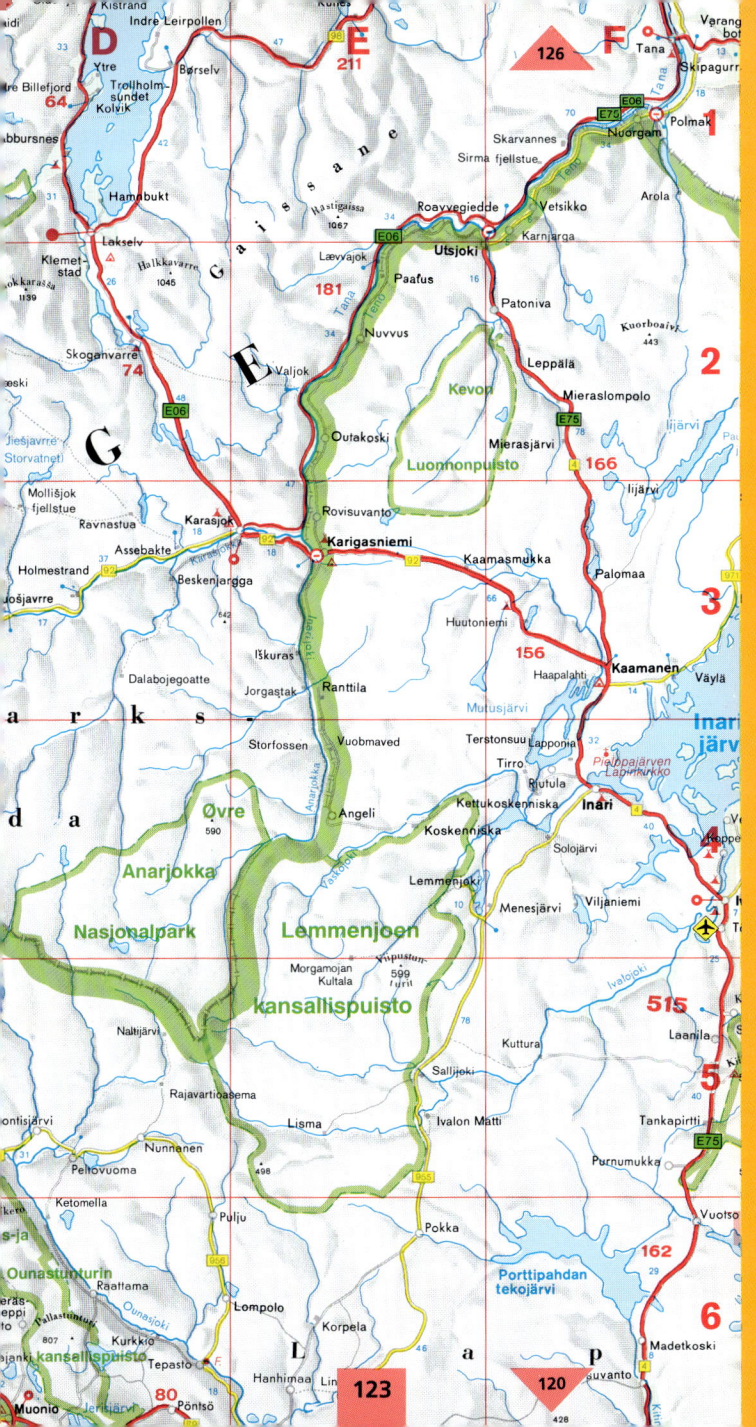

D

E

F

Vaidaguba

p-ov Rybačij

Cypnavolok

30 km

Bol. Ozerko

1

Dikson
Arhangel'sk

o. Kiydin

Liinahamari

386

Pečenga

Port-Vladimir

A138

Star. Titovka

E105

Zaozersk

36

215

Ura- Guba

Poljarnyi

Zapoljarnyj

Korzunovo

26

SEVEROMORSK

2

14

A138

Kilp'javr

42

17

MURMANSK

10

22

Kola

578

Tuloma

Murmaši

M 18

irečnyj

64

Magnetitij

3

155

Verhnetulomskij

Verhnetulomskoe
vodohranilišče

585

Poluzero

Nivankjul'

907

g. Jukspor
956

Olenegorsk

4

M 18

g. Elgoras
997

oz. Verh.
Volč'e

61

Mončegorsk

1072

268

5

vahtovyj
poselok
Vuva

E105

L a p l a n d e c

Ava-Guba

28

oz. Girvas

oz.
Kaložnoe

Pirenga

55

Ena

Upoloksa

82

461

6

Kovdor

Bikolatva

Zašeek
oz. Babinskaja
imandra

Tuntsa

Kurop

125

total relaxed in den urlaub: übung für fortgeschrittene

1. schliessen sie die augen und denken sie intensiv an das wunderbare wort „ferienmietwagen zum alles inklusive preise". stellen sie sich viele extras vor, die bei holiday autos alle im preis inbegriffen sind:

- unbegrenzte kilometer
- haftpflichtversicherung mit min. 1,5 mio €uro deckungssumme (usa: 1,1 mio €uro)
- vollkaskoversicherung ohne selbstbeteiligung
- kfz-diebstahlversicherung ohne selbstbeteiligung
- alle lokalen steuern
- flughafenbereitstellung
- flughafengebühren

2. atmen sie tief ein und lassen sie vor ihrem inneren auge die zahlreichen auszeichnungen vorbeiziehen, die holiday autos in den letzten jahren erhalten hat.

sie buchen ja nicht irgendwo.

3. nehmen sie ganz ruhig den hörer, wählen sie die telefonnummer **0180 5 17 91 91** (12cent/min), surfen sie zu **www.holidayautos.com** oder fragen sie in ihrem reisebüro nach den topangeboten von holiday autos!

kein urlaub ohne

holiday autos

MARCO ⊕ POLO

Für Ihre nächste Reise gibt es folgende Titel:

In diesem Register sind alle in diesem Führer erwähnten Orte und Ausflugsziele sowie wichtige Sachbegriffe und Personen verzeichnet. Halbfette Seitenzahlen verweisen auf den Haupteintrag, kursive auf ein Foto.

Schreiben Sie uns!

Liebe Leserin, lieber Leser,

wir setzen alles daran, Ihnen möglichst aktuelle Informationen mit auf die Reise zu geben. Dennoch schleichen sich manchmal Fehler ein – trotz gründlicher Recherche unserer Autoren/innen. Sie haben sicherlich Verständnis, dass der Verlag dafür keine Haftung übernehmen kann. Wir freuen uns aber, wenn Sie uns schreiben.

Senden Sie Ihre Post an die MARCO POLO Redaktion,
Mairs Geographischer Verlag, Postfach 31 51, 73751 Ostfildern,
marcopolo@mairs.de

Impressum

Titelbild: Huber: Gräfenhain
Fotos: Finnische Zentrale für Tourismus (U M., 1, 5 r., 7, 9, 14, 18, 20, 24, 25, 27, 28, 36, 51, 64, 73, 80, 92, 95); U. Haafke (16, 39, 47, 69); HB Verlag: Krüger (U l., 40, 44, 45, 48, 52, 57, 61, 66, 82, 86, 87, 88, 96); Huber: Gräfenhain (2 o., 5 l., 6, 12, 62, 72, 107); R. Irek (22, 32, 84); G. Jung (U r., 2 u., 4, 26, 31, 75, 76, 77, 90); Mauritius: Ligges (38); Oswaldpress: Nebe (59), Victor (10); W. Storto (34); B. Wagner (50, 68); Zefa: Jämsen (78)

7., aktualisierte Auflage 2004 © Mairs Geographischer Verlag, Ostfildern
Herausgeber: Ferdinand Ranft, Chefredakteurin: Marion Zorn
Redaktion: Beatrix Müller-Kapuscinski, Bildredaktion: Gabriele Forst (Leitung)
Kartografie Reiseatlas: © Mairs Geographischer Verlag/Falk Verlag, Ostfildern
Gestaltung: red.sign, Stuttgart
Sprachführer: in Zusammenarbeit mit Ernst Klett Verlag GmbH, Stuttgart, PONS Wörterbücher

Bloß nicht!

Was man in Finnland besser unterlässt, wenn man die Toleranz der Gastgeber genießen und zurückgeben will

Müll achtlos wegwerfen

Die Finnen achten (zunehmend) auf ihre Natur. Und sie schützen sie vor Vermüllung und Verschmutzung. Es gibt zentrale Sammelstellen für Abfälle und Sondermüll. Wenn Sie zelten, wandern, in der Natur unterwegs sind, nehmen Sie Dosen, Kippen und anderes bitte mit zum nächsten Sammelpunkt. Apropos Kippen: Raucher sollten in Finnland genau darauf achten, wo der blaue Dunst erlaubt ist. Viele öffentliche Gebäude, Sehenswürdigkeiten, sogar Restaurants sind zumindest zum Teil rauchfreie Zonen.

Schmuggeln

Schmuggeln wird in Finnland nicht als Kavaliersdelikt angesehen und mit hohen Strafen geahndet. In schweren Fällen lässt man Sie gleich gar nicht erst ins Land. Nehmen Sie also nicht mehr Alkohol mit, als erlaubt ist. Außerdem wird der finnische Alkohol preislich langsam akzeptabler.

Verkehrssünder werden

Halten Sie sich an die angegebenen Geschwindigkeitsbegrenzungen. Auf einer Schotterpiste fährt es sich anders als auf der Autobahn, und auch die mögliche Begegnung mit Elch und Rentier lässt einen achtsamen Fahrstil angeraten sein. Außerdem werden Verkehrsübertretungen unnachgiebig und mit sehr hohen Sätzen geahndet. Auf den langen, einsamen Strecken ist mehr Polizei unterwegs, als man glaubt.

Mit Schuhen in die Wohnung

Finnen halten ihre Wohnungen blitzsauber, was bei den hellen Holzböden auch wichtig ist. Jedermann geht zu Hause auf Socken. In der Stadt hat sich die Sitte zwar etwas verflacht, aber Sie machen auf jeden Fall einen guten Eindruck, wenn Sie beim Betreten einer Privatwohnung die Schuhe ausziehen.

Drängeln

Drängelei kann der Normalfinne nicht leiden, es widerspricht seinem Gerechtigkeitssinn. Fast überall, wo es zu Wartesituationen kommt, kann man Nummern ziehen, die genau angeben, wer wann dran ist.

Privatsphäre stören

Man schaut nicht in Fenster, auch nicht in Höfe oder Gärten. Sollten Sie bei einem Spaziergang oder einer Wanderung zufällig auf eine Hütte stoßen, halten Sie angemessenen Abstand, denn auf Privatgrund haben Fremde nichts zu suchen. Trifft man dort Personen, entschuldigt man sich mit einem höflichen *anteeksi!*